살아있는 한국어

속담

저자 김선정 · 김성수 · 이소현 · 정재영

Hangulpark
Korea **Language**PLUS

저자 약력

● 김선정 ●
University of London(SOAS) 언어학 박사
계명대학교 한국문화정보학과 교수
계명대학교 한국어학당 소장

● 김성수 ●
경북대학교 언어학 박사 수료
계명대학교 외국어로서의 한국어교육학과 박사 과정
계명대학교 한국어학당 초빙교수

● 이소현 ●
계명대학교 일본어통번역학과 석사
계명대학교 외국어로서의 한국어교육학과 박사 과정
계명대학교 한국어학당 강사

● 정재영 ●
계명대학교 영문학 석사
계명대학교 외국어로서의 한국어교육학과 박사 과정
계명대학교 한국어학당 강사

● 일러스트레이터 ... 홍성일

살아있는 한국어 속담

초판 1쇄 _ 2007년 9월 10일
초판 3쇄 _ 2009년 12월 10일

저자_ 김선정 · 김성수 · 이소현 · 정재영
책임편집_ 최춘성 · 이혜은
표지_ 이건화
펴낸이_ 엄태상
펴낸곳_ Korea Language PLUS
등록일자_ 2000년 8월 17일
등록번호_ 제 1-2718호
주소_ 서울시 종로구 종로2가 71-6
전화_ 교재 내용문의 (02) 742-0582 / 교재 주문문의 (02) 3671-0582
팩스_ (02) 747-1945
홈페이지_ http://www.langpl.com
이메일_ info@langpl.com

ISBN 978-89-5518-645-1 14710
ISBN 978-89-5518-643-7 14710(set)

* 펴낸이의 사전 서면 허락 없이 이 책의 전부 혹은 일부의 복사 · 복제 · 전재 및 자기 광기록 매체에의 입력을 금합니다.
* 잘못된 책은 구입하신 서점이나 본사에서 교환해 드립니다.
* 정가는 표지에 표시되어 있습니다.

머리말 Preface

　외국어 학습에 있어서 목표 문화를 이해하는 것은 언어 학습만큼 중요하다. 따라서 외국어로서의 한국어 교육에 있어서 한국인의 생각과 느낌이 담긴 속담, 관용어, 한자성어 등은 한국의 문화를 교육하는 데 중요한 자료가 된다.

　이에 따라 계명대학교 한국어학당에서는 관용어, 속담, 한자성어를 이용한 한국 문화 교재 시리즈를 집필하게 되었는데 이 교재는 그 중의 하나로 속담을 이용한 한국어 및 한국문화 학습 교재이다. 특별히 속담은 낱말의 사전적인 의미만으로는 그 의미를 제대로 파악하기 어려워 외국인 학습자들에게는 별도의 학습이 필요하다. 이 책이 갖는 의의가 여기에 있다.

　이 책은 속담 교육을 통해 한국의 문화를 간접적으로 경험하고 한국의 실생활을 알 수 있도록 구성하였다. 가정, 직장, 학교에서의 한국인의 일상생활과 여가 생활에 나타난 삶의 방식뿐만 아니라 그에 따른 한국인의 특유한 정서 등을 교재에 반영하여 한국어와 한국 문화를 보다 올바르게 배울 수 있도록 하였다. 사용빈도를 바탕으로 60개의 속담을 선정하여(선정 기준 및 절차는 '한국어 속담 교재 개발을 위한 기초연구 및 모형 제시', 『외국어 교육』 13권 2호를 참조할 것) 말하기를 중심으로 구성하였다. 다양한 상황과 맥락을 통해 속담을 익힐 수 있도록 하였으며, 이해에서 활용까지 효과적인 학습이 이루어질 수 있도록 노력하였다. 속담을 이용한 흥미로운 이야기로 본문을 구성하였으며, 각 과마다 '함께해요'라는 코너를 만들어 해당 속담과 관련 있는 가벼운 읽을거리나 게임, 옛날이야기, 토론 주제 등을 제시하여 학습 효과와 흥미를 동시에 제고하고자 하였다.

　이 교재를 포함하여 계명대학교 한국어학당에서 개발한 한국문화 교재 시리즈는 교육인적자원부(2005년 한국어 연수프로그램 지원사업)와 계명대학교의 공동 지원에 힘입어 이루어졌다. 여러 사람이 팀을 이루어 작업을 하였는데 속담 편은 김선정, 김성수, 이소현, 정재영이 중심이 되어 작업하였고 여러 명의 한국문화정보학과 학생들도 연구보조원으로 참여하였다. 어려운 작업을 함께해 준 모든 분들께 감사의 뜻을 전한다.

　끝으로 이 책을 세상에 내놓을 수 있도록 애써 주신 랭기지 플러스의 편집진 여러분께 감사의 뜻을 전한다.

저자를 대표하여
김선정

차례 Contents

머리말		3
이 책의 구성		6
등장인물		8
01	믿는 도끼에 발등 찍힌다	9
02	가는 말이 고와야 오는 말이 곱다	12
03	호랑이도 제 말하면 온다	17
04	식은 죽 먹기	20
05	병 주고 약 준다	25
06	작은 고추가 맵다	28
07	티끌 모아 태산	33
08	우물 안 개구리	36
09	등잔 밑이 어둡다	41
10	금강산도 식후경	44
11	하늘의 별 따기	49
12	세 살 적 버릇 여든까지 간다	52
13	소 잃고 외양간 고친다	57
14	울며 겨자 먹기	60
15	원숭이도 나무에서 떨어진다	65
16	말이 씨가 된다	68
17	걱정도 팔자다	73
18	싼 게 비지떡	76
19	하룻강아지 범 무서운 줄 모른다	81
20	가는 날이 장날이다	84
종합연습 (01~20)		89
21	도둑이 제 발 저리다	91
22	하늘이 무너져도 솟아날 구멍이 있다	95
23	갈수록 태산이다	99
24	옷이 날개다	103
25	친구 따라 강남 간다	107
26	불난 집에 부채질한다	111
27	떡 줄 사람은 생각도 않는데 김칫국부터 마신다	115
28	시작이 반이다	119
29	미운 놈 떡 하나 더 준다	123

30	우물을 파도 한 우물을 파라	127
31	백지장도 맞들면 낫다	131
32	꿩 먹고 알 먹기	135
33	벼룩의 간을 내어 먹는다	139
34	배보다 배꼽이 더 크다	143
35	입에 쓴 약이 몸에 좋다	147
36	윗물이 맑아야 아랫물이 맑다	151
37	보기 좋은 떡이 먹기도 좋다	155
38	새 발의 피	156
39	고생 끝에 낙이 온다	163
40	팔은 안으로 굽는다	167
종합연습 (21~40)		171
41	도토리 키 재기	173
42	오르지 못할 나무는 쳐다보지도 마라	177
43	웃는 낯에 침 못 뱉는다	181
44	돌다리도 두드려 보고 건너라	185
45	고래 싸움에 새우 등 터진다	189
46	열 길 물 속은 알아도 한 길 사람 속은 모른다	193
47	물에 빠지면 지푸라기라도 잡는다	197
48	개구리 올챙이 적 생각 못한다	201
49	꿩 대신 닭	205
50	비 온 뒤에 땅이 굳어진다	209
51	아니 땐 굴뚝에 연기 날까	213
52	벼는 익을수록 고개를 숙인다	217
53	쇠귀에 경 읽기	221
54	수박 겉 핥기	225
55	달면 삼키고 쓰면 뱉는다	229
56	잘되면 제 탓 못되면 조상 탓	233
57	열 손가락 깨물어 안 아픈 손가락 없다	237
58	천 리 길도 한 걸음부터	241
59	꿀 먹은 벙어리	245
60	서당 개 삼 년이면 풍월을 읊는다	249
종합연습 (41~60)		253
종합연습 정답		256

이 책의 구성 Structure

전체의 과는 60개로 구성되어 있으며 본문 구성은 다음과 같다

1 그림

'그림'을 제시하여 대화문을 학습하기 전 해당 속담의 의미를 유추해 볼 수 있도록 한다. 이 과정을 통하여 학습자들은 해당 속담에 대한 호기심과 흥미를 갖게 된다.

2 대화

'대화'는 한국 생활을 반영하는 다양한 대화문을 통해서 자연스럽게 해당 속담을 익힐 수 있도록 구성하였다. 따라서 각 속담들이 어떤 상황과 맥락에서 어떤 형태로 사용되는지를 알게 된다. 또한 **활용예문**을 통해 더욱 다양한 예문들을 익힘으로써 해당 속담의 쓰임을 좀 더 확장시킬 수 있다. **'새 어휘와 문형'**에서는 '대화'와 '활용예문'에 나온 새 어휘와 문형을 제시하였다.

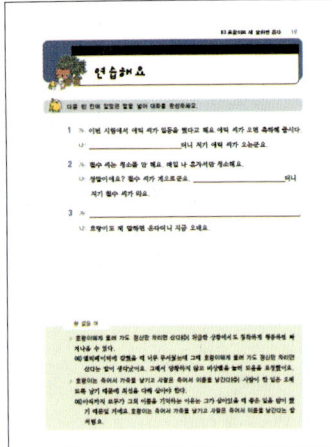

3 연습해요

'**연습해요**'는 해당 과에서 배운 속담을 이용하여 제시된 문장 속에 적절한 형태로 넣는 연습을 하게 했다. 이 연습을 통해 그 속담이 어떤 형태로 어떤 상황에 쓰이게 되는가를 알 수 있다.

'**한 걸음 더**'에는 매 과마다 '**관련속담**', '**어휘확장**', '**문화 엿보기**'를 넣었다. '**관련속담**'은 해당 속담표현과 관련이 있는 속담, 유사한 의미나 반대의 의미를 가진 속담을 함께 익힐 수 있도록 하였다. 예를 들면 (＝) 표시는 해당 속담과 유사한 의미를 지닌 속담을 제시해 놓은 것이며 (↔) 표시는 해당 속담과 반의 관계에 있는 속담을 제시해 놓은 것이고 (⇨) 표시는 해당 속담과 관련된 다양한 속담을 제시해 놓은 것이다. '**어휘확장**'은 해당 속담표현에 나오는 한 어휘를 선택하여 그 어휘의 다양한 쓰임에 대해 알도록 했으며 (✎) 표시를 두어 다양한 예문을 제시하였다. '**문화 엿보기**'는 해당 속담에 녹아 있는 문화적인 요소를 사진이나 그림 등으로 제시하여 이를 설명하거나 속담의 유래를 설명함으로써 학습자들이 보다 쉽게 속담을 이해할 수 있도록 하였다.

4 함께해요

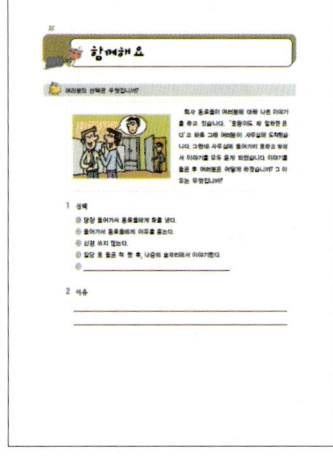

'**함께해요**'는 해당 속담을 이용한 짧은 글이나 여러 가지 게임 등을 소개하여 말하기 활동을 통해 더욱 친숙하게 속담을 학습할 수 있도록 하였다.

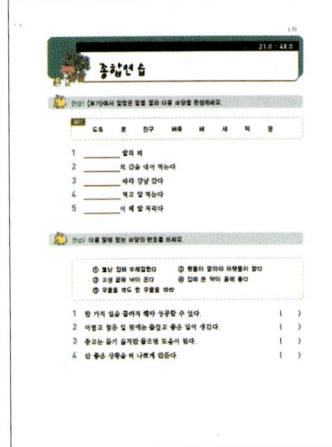

5 종합연습

20개 과마다 '**종합연습**'을 두어 확인학습의 기회를 제공하였다. 속담 완성하기, 반의 관계 혹은 유사 관계에 있는 속담 고르기 등 다양한 형태의 문제를 통하여 앞에서 학습한 속담들을 다시 한번 복습할 수 있도록 하였다.

등장인물 Character

01 믿는 도끼에 발등 찍힌다

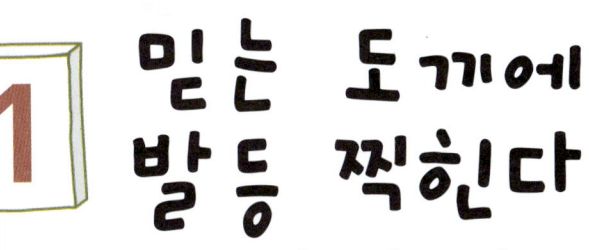

대화

다니엘: 어제 옆집에 도둑이 들었다고 해요.
지 우: 나도 들었어요. 도둑이 잡혔대요?
다니엘: 네, 그런데 그 도둑이 바로 옆집 아저씨의 친구라고 해요.
지 우: 정말이에요? **믿는 도끼에 발등 찍힌다더니** 어떻게 그럴 수가 있지요?

✱ 믿는 도끼에 발등 찍힌다: 믿고 있던 사람에게 배신을 당한다.

활용예문

▶ **믿는 도끼에 발등 찍힌다더니** 어떻게 네가 내 여자친구와 사귈 수 있니?
▶ 가: 이번 사건의 범인이 경찰이라고요?
　나: 네, **믿는 도끼에 발등 찍힌다더니** 어떻게 경찰이 그럴 수가 있지요?

새 어휘와 문형

□ 옆집　□ 도둑　□ 들다　□ 도끼　□ 발등　□ 찍히다　□ 배신
□ 사건　□ 범인　□ -다고 하다　　□ 다더니

01 믿는 도끼에 발등 찍힌다 _11

 # 연습해요

 다음 빈 칸에 알맞은 말을 넣어 대화를 완성하세요.

1 가: 철수 씨가 회사의 중요한 서류를 다른 회사에 팔았다고 해요.

　나: 사장님이 철수 씨를 많이 믿었는데 _____.

2 가: 미나 씨 남편이 바람을 피웠다고 해요.

　나: 그래요? _____더니 미나 씨 남편이 그럴 줄은 정말 몰랐어요.

3 가: _____.

　나: 믿는 도끼에 발등 찍혔군요.

한 걸음 더

▶ 찍히다
- 여기에서 잘 찍힌 사진 한 장만 골라 주세요.
- 서류에 찍힌 도장은 내 거예요.
- 그녀는 이미 거짓말쟁이로 찍혀 버려서 아무도 그녀를 믿어주지 않는다.

함께해요

 다음 그림을 보고 '믿는 도끼에 발등 찍힌다'는 속담을 이용하여 이야기를 만들어 보세요.

〈악어와 악어새〉

악어새는 악어가 입을 벌리고 쉬고 있을 때 악어의 입에 들어가서 이빨 사이에 있는 찌꺼기나 나쁜 벌레를 먹는다고 합니다. 악어는 악어새에게 먹이를 주고, 악어새는 악어를 믿고 먹이를 먹으면서 악어의 이빨을 청소해 줍니다. 이렇게 둘은 서로에게 도움을 주는 사이입니다. 그런데 둘 중 어느 한 쪽이 배신한다면 어떻게 될까요?

1

2

3

4

02 가는 말이 고와야 오는 말이 곱다

대화

에 릭: 나 이번에 시험 정말 못 봤어.
민 수: 바보야, 그러니까 진작 공부 좀 하지!
에 릭: 내 일은 신경 쓰지 말고 너나 잘해.
민 수: 너 무슨 말을 그렇게 하니?
에 릭: 네가 먼저 바보라고 했잖아. **가는 말이 고와야 오는 말이 곱다는** 말도 몰라?

✱ 가는 말이 고와야 오는 말이 곱다: 자기가 남에게 말이나 행동을 좋게 해야 남도 자기에게 말이나 행동을 좋게 한다.

활용예문

▶ **가는 말이 고와야 오는 말이 곱다고** 하는데 네가 그렇게 기분 나쁘게 말하면 나도 너에게 좋게 말할 수 없어.

▶ 가: 자동차 접촉 사고가 있었어요. 내가 먼저 미안하다고 하니까 상대방도 잘못했다고 사과했어요. 그래서 잘 해결됐어요.
  나: **가는 말이 고와야 오는 말이 곱다는** 말처럼 그렇게 말을 조심하면 크게 싸울 일은 없을 거예요.

새 어휘와 문형

□ 진작   □ 신경(을) 쓰다   □ 곱다   □ 남   □ 행동   □ 접촉
□ 사고   □ 상대방   □ 싸우다   □ -지 말다   □ -잖아(요)

02 가는 말이 고와야 오는 말이 곱다 _15

 연습해요

 다음 빈 칸에 알맞은 말을 넣어 대화를 완성하세요.

1 가: 아까 진호 씨에게 왜 화를 냈어요?
  나: _____고 나도 처음엔 좋게 말하려고 했어요. 그런데 진호 씨가 먼저 기분 나쁘게 말하잖아요.

2 가: 옆집의 음악 소리 때문에 시끄러워서 잠을 잘 수가 없었어요. 화가 났지만 조용히 해 달라고 부탁했어요. 그러니까 옆집 사람이 정말 미안하다고 하면서 음악을 끄더군요.
  나: 역시 _____는 말이 맞네요.

3 가: _____.
  나: 그러니까 가는 말이 고와야 오는 말이 곱다는 말이 있잖아요.

한 걸음 더

▶ 오는 정이 있어야 가는 정이 있다(=)

▶ 곱다
  • 고운 손, 고운 얼굴
  • 단풍이 곱게 물들었다.
  • 음악실에서 나영이의 고운 목소리가 들렸다.
  • 그 아이는 마음씨가 아주 고와요.

 함께해요

여러분은 다음과 같은 상황에서 어떻게 말할 것 같습니까?

1. 여러분은 영화관에서 모르고 다른 사람의 자리에 앉아 있었습니다. 그때 자리 주인이 나타나 이렇게 말을 합니다.

   | 상황1 | 가: 눈이 나빠요? 왜 남의 자리에 앉아 있어요?

   나: _____.

   | 상황2 | 가: 죄송합니다만, 여기 제 자리인 것 같은데요. 좌석 표를 다시 한 번 확인해 보시겠어요?

   나: _____.

2. 길을 가다가 맞은편에서 오는 사람과 부딪쳤습니다. 맞은편에서 오던 사람이 여러분에게 이렇게 말을 합니다.

   | 상황1 | 가: 아니, 어디를 보고 다니는 거예요? 앞을 잘 보고 다니세요.

   나: _____.

   | 상황2 | 가: 아이고, 죄송합니다. 다른 생각을 하다가 그만…….

   나: _____.

03 호랑이도 제 말 하면 온다

대화

진 수: 모두 왔지요? 그럼 이제 출발할까요?
마 리: 잠깐만요, 왕량 씨가 아직 안 왔어요.
진 수: 또 왕량 씨예요? 왕량 씨는 항상 약속 시간을 안 지키는 것 같아요.
마 리: 맞아요.
진 수: **호랑이도 제 말하면 온다더니** 저기 왕량 씨가 오네요.
왕 량: 많이 기다렸지요? 늦어서 정말 미안해요.
진 수: 왕량 씨! 다음부터는 제발 약속 시간 좀 지키세요.

✱ 호랑이도 제 말하면 온다: 다른 사람에 대해서 이야기를 하는데 그때 그 사람이 나타난다.

활용예문

▶ **호랑이도 제 말하면 온다더니** 우리가 민수에 대해서 이야기하고 있을 때 민수가 교실에 들어왔다.
▶ 가: 영미가 제 한국어 시험공부를 도와주었어요. 그래서 오늘 시험을 잘 봤어요.
   나: 그래요? 아! **호랑이도 제 말하면 온다더니** 저기 영미 씨가 오네요.

새 어휘와 문형

☐ 출발하다   ☐ 아직   ☐ 항상   ☐ 약속   ☐ 지키다   ☐ 나타나다
☐ -(으)ㄴ/는 것 같다   ☐ -(으)면

03 호랑이도 제 말하면 온다 _19

연습해요

 다음 빈 칸에 알맞은 말을 넣어 대화를 완성하세요.

1. 가: 이번 시험에서 에릭 씨가 일등을 했다고 해요. 에릭 씨가 오면 축하해 줍시다.
   나: _____더니 저기 에릭 씨가 오는군요.

2. 가: 철수 씨는 청소를 안 해요. 매일 나 혼자서만 청소해요.
   나: 정말이에요? 철수 씨가 게으르군요. _____더니 저기 철수 씨가 와요.

3. 가: _____.
   나: 호랑이도 제 말하면 온다더니 지금 오네요.

한 걸음 더

▶ **호랑이에게 물려 가도 정신만 차리면 산다**(⇨) 위급한 상황에서도 침착하게 행동하면 빠져나올 수 있다.
예) 엘리베이터에 갇혔을 때 너무 무서웠는데 그때 호랑이에게 물려 가도 정신만 차리면 산다는 말이 생각났어요. 그래서 당황하지 않고 비상벨을 눌러 도움을 요청했어요.

▶ **호랑이는 죽어서 가죽을 남기고 사람은 죽어서 이름을 남긴다**(⇨) 사람이 한 일은 오래도록 남기 때문에 최선을 다해 살아야 한다.
예) 아직까지 모두가 그의 이름을 기억하는 이유는 그가 살아있을 때 좋은 일을 많이 했기 때문일 거예요. 호랑이는 죽어서 가죽을 남기고 사람은 죽어서 이름을 남긴다는 말처럼요.

 함께해요

 여러분의 선택은 무엇입니까?

 회사 동료들이 여러분에 대해 나쁜 이야기를 하고 있습니다. '호랑이도 제 말하면 온다'고 바로 그때 여러분이 사무실에 도착했습니다. 그런데 사무실에 들어가지 못하고 밖에서 이야기를 모두 듣게 되었습니다. 이야기를 들은 후 여러분은 어떻게 하겠습니까? 그 이유는 무엇입니까?

1 선택

❶ 당장 들어가서 동료들에게 화를 낸다.
❷ 들어가서 동료들에게 이유를 묻는다.
❸ 신경 쓰지 않는다.
❹ 일단 못 들은 척 한 후, 나중에 술자리에서 이야기한다.
❺ _____.

2 이유

_____
_____

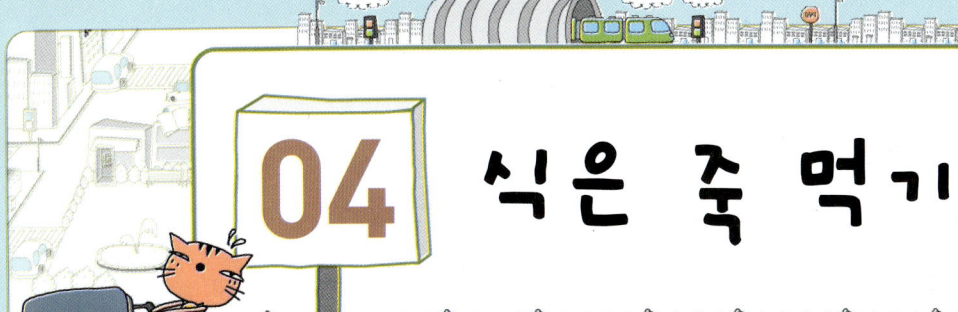

04 식은 죽 먹기

대화

왕 량: 문화 수업 시간에 제기차기를 했어요.
민 수: 그래요? 재미있었겠네요.
왕 량: 네, 재미있었는데 생각보다 너무 어려웠어요. 민수 씨는 제기차기를 잘해요?
민 수: 그럼요. 어릴 때부터 친구들과 많이 해서 제기차기는 **식은 죽 먹기예요**! 나보다 더 잘하는 친구는 없었어요.
왕 량: 정말이에요? 그럼, 나에게 제기 잘 차는 방법 좀 가르쳐 줘요. 친구랑 점심 내기를 했거든요.

* 식은 죽 먹기: 매우 쉽게 할 수 있다.

활용예문

▶ 피아노는 어릴 때부터 배워서 저에게 **식은 죽 먹기예요**.
▶ 가: 무를 정말 빨리 써는군요.
　나: 30년 동안 무김치를 담가 왔기 때문에 이 정도는 **식은 죽 먹기예요**.

새 어휘와 문형

☐ 문화　☐ 제기차기　☐ 어리다　☐ 식다　☐ 죽　☐ 방법　☐ 내기
☐ 무　☐ 썰다　☐ 담그다　☐ -기

연습해요

 다음 빈 칸에 알맞은 말을 넣어 대화를 완성하세요.

1 가: 할머니, 이 털장갑을 이틀 만에 만드셨다고요?

　나: 그럼, 뜨개질을 20년 동안이나 했는데 이 정도는 _____지.

2 가: 이 서류를 내일까지 영어로 번역해야 하는데 할 수 있어요?

　나: 물론이지요. 이 정도 번역은 나에게 _____니까요.

3 가: _____.

　나: 그럼요, 이 정도는 식은 죽 먹기예요.

한 걸음 더

▶ 누워서 떡 먹기(=)

▶ 땅 짚고 헤엄치기(=)

▶ 하늘의 별 따기(↔)   무엇을 얻거나 이루기가 매우 어렵다.
　예) 복권에 당첨되기는 하늘의 별 따기예요.

▶ 문화 엿보기

〈제기차기〉

　제기차기는 동전을 종이로 싸서 만든 제기를 발로 차며 노는 겨울철 민속놀이이다. 제기차기는 한 발로 차기, 양발로 차기, 뒤로 차기 등 다양한 방법으로 할 수 있다.

함께해요

 제기를 만들어 봅시다.

준비물: 한지나 비닐, 백 원짜리 동전, 은박지, 고무줄, 가위

〈만드는 방법〉

1

종이를 가로로 놓고 종이 가운데에 동전을 놓는다.

2
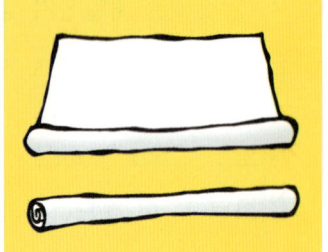
동전 넓이대로 종이를 말아 올린다.

3
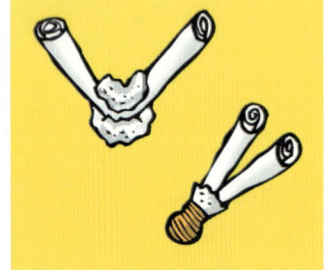
동전 부분을 은박지로 싸고 고무줄로 묶는다.

4

종이 부분을 가위로 가늘게 잘라 하나씩 펼친다.

 제기차기로 친구와 내기해 봅시다.

이름	개수

대화

다니엘: 지우 씨, 화내서 미안해요. 사과하는 뜻으로 내가 한턱낼 테니까 피자 먹으러 가요.

지 우: 다니엘 씨, 지금 **병 주고 약 주는** 거예요? 아까는 약속 시간에 늦었다고 화만 내더니…….

다니엘: 학교에서 기분 나쁜 일이 있었는데, 그만 지우 씨에게 화를 내고 말았어요. 정말 미안해요.

※ 병 주고 약 준다: 다른 사람에게 피해를 준 후 도와주는 척한다.

활용예문

▶ 이제 와서 미안하다니, 지금 **병 주고 약 주는** 거예요?
▶ 가: 담배 포장지에 '지나친 흡연은 삼갑시다'라고 쓰여 있는 거 봤어요?
  나: 네, 봤어요. **병 주고 약 준다는** 말이 생각나네요.

새 어휘와 문형

□ 한턱내다 □ 피해 □ 포장지 □ 지나치다 □ 흡연
□ 삼가다 □ -(ㄹ)을 테니까 □ -고 말다 □ -(으)ㄴ/는 척하다

05 병 주고 약 준다 _27

연습해요

 다음 빈 칸에 알맞은 말을 넣어 대화를 완성하세요.

1 가: 과장님이 조금 전에는 서류 정리를 안 했다고 화를 내시더니, 지금은 수고한다고 커피를 사 주시네요.

   나: 과장님은 항상 그래요. _____다니까요.

2 가: 필요한 거 있으면 다 이야기해. 모두 빌려 줄게.

   나: 지금 _____는 거야? 아까는 사전도 안 빌려 주더니…….

3 가: _____.

   나: 뭐라고요? 지금 병 주고 약 주는 거예요?

한 걸음 더

▶ 모르면 약이요 아는 게 병이다(⇨) 아무것도 모르면 마음이 편해서 좋지만, 무엇이나 좀 알고 있으면 걱정이 많아 오히려 좋지 않다.
  예) 뭐라고요? 내가 먹은 게 개밥이라고요? 모르면 약이요 아는 게 병이라고 모르고 먹었을 땐 정말 맛있었는데…….

▶ 개똥도 약에 쓰려면 없다(⇨) 평소에 흔하던 것도 쓰려고 하면 없다.
  예) 개똥도 약에 쓰려면 없다더니 여기저기 있던 십 원짜리 동전이 필요할 땐 안 보인다.

함께해요

 다음을 읽고 이야기해 봅시다.

	옛날 어느 가난한 농부가 길에서 빨간 부채와 파란 부채를 주웠습니다.
	농부는 빨간 부채를 부쳐 보았습니다. 그러자 코가 길어졌습니다. 농부는 깜짝 놀랐습니다. 이번에는 파란 부채를 부쳐 보았는데 신기하게도 코가 다시 줄어들었습니다.
	빨간 부채와 파란 부채의 비밀을 알게 된 농부는 이 부채를 들고 부잣집을 찾아갔습니다. 농부는 부자와 이야기를 하는 척하며 빨간 부채를 부자에게 부쳤습니다. 농부가 돌아간 후 부자는 길어진 코를 발견하고 깜짝 놀랐습니다.
	병이 난 부자는 일주일 동안 여러 가지 약을 먹어 보았지만 효과가 없었습니다. 이때 농부가 찾아가서 치료해 주는 척하면서 파란 부채를 부쳤습니다. 그러자 코가 다시 줄어들었습니다.
	병이 낫게 된 부자는 감사의 뜻으로 농부에게 많은 돈을 주었습니다. 이렇게 농부는 부자에게 병 주고 약 주는 방법으로 많은 돈을 벌게 되었습니다.

 만약 여러분에게 파란 부채와 빨간 부채가 있다면 어떻게 이용하겠습니까?

06 작은 고추가 맵다

대화

민 수: 내일 시합에서 우리가 이길 수 있을까?
나 영: 글쎄. 우리 팀이 상대 팀보다 키가 작아서 걱정이야.
에 릭: 얘들아, 너무 걱정하지 마. 키가 크다고 농구를 잘하는 것은 아니야. 그동안 우리 연습 많이 했잖아.
민 수: 맞아, 이번 기회에 **작은 고추가 맵다**는 것을 보여 주자.

✱ 작은 고추가 맵다: ❶ 몸집이 작은 사람이 몸집이 큰 사람보다 뛰어나거나 일을 잘한다.
　　　　　　　　❷ 나이가 어린 사람이 나이가 많은 사람보다 뛰어나거나 일을 잘한다.

활용예문

▶ **작은 고추가 맵다더니** 어린아이라고 무시하면 안 될 것 같아요.
▶ 가: 이번 올림픽에서 한국 체조 선수가 금메달을 땄습니다.
　나: **작은 고추가 맵다더니** 어린 선수가 정말 대단합니다.

새 어휘와 문형

□ 시합	□ 이기다	□ 팀	□ 상대	□ 기회	□ 고추	□ 맵다
□ 몸집	□ 뛰어나다	□ 무시하다	□ 올림픽	□ 체조	□ 선수	□ 금메달
□ 따다	□ 대단하다	□ -다고	□ -(으)ㄴ/는 것은 아니다			

06 작은 고추가 맵다 _31

연습해요

 다음 빈 칸에 알맞은 말을 넣어 대화를 완성하세요.

1 가: 우진 씨가 강도를 잡았대요.
   나: 정말요? 몸집이 작은 사람이 어떻게 강도를 잡았대요?
      _____더니 그 말이 맞나 봐요.

2 가: 나영이랑 요코랑 팔씨름해서 누가 이겼니?
   나: 요코가 이겼어. _____더니 요코가 나영이보다 키도 더 작고 몸도 약해 보이는데 생각보다 힘이 세더라.

3 가: _____
   나: 작은 고추가 맵다더니…….

한 걸음 더

▶ 맵다
  • 김치찌개가 아주 매워요.
  • 겨울바람이 맵고 차가워요.
  • 연기가 너무 매워서 눈물이 난다.

▶ 문화 엿보기

〈고추〉
한국 사람들은 고추의 매운 맛을 좋아해서 음식의 재료로 고추를 많이 사용한다. 또한 예부터 붉은 고추가 악귀를 쫓는다고 생각하여 아들을 낳으면 붉은 고추를 새끼줄에 걸기도 했다.

함께해요

 작은 고추가 맵다는 것을 보여 줍시다.

여러분은 평균 신장이 167cm인 키가 작은 여자 농구 팀의 감독입니다. 그런데 평균 신장이 175cm인 여자 농구 팀과 시합이 있습니다. 여러분 팀이 농구 시합에서 이기려면 어떤 노력을 해야 할까요? 이야기해 봅시다.

_____
_____
_____
_____
_____

07 티끌 모아 태산

대화

요 코: 어제 1년 동안 모은 동전을 은행에 가지고 갔는데 20만 원이나 되서 깜짝 놀랐어요.
민 수: 그래요? **티끌 모아 태산이라더니** 정말 그 말이 맞네요.
요 코: 티끌 모아 태산요? 그게 무슨 말이에요?
민 수: 아주 작은 것도 계속 모으면 산처럼 커진다는 말이에요. 나도 오늘부터 열심히 동전을 모아야겠어요.

* 티끌 모아 태산: 먼지처럼 작은 것이라도 계속해서 모으면 산처럼 커진다.

활용예문

▶ **티끌 모아 태산이라더니** 어느 할머니가 30년 동안 김밥을 팔아 10억을 모았대요.
▶ 가: 한 달에 만 원씩 모아서 해외여행을 가려고 해요.
   나: 네? **티끌 모아 태산이라고는** 하지만 한 달에 만 원씩은 너무 적은 것 같아요.

새 어휘와 문형

☐ 모으다 ☐ 동전 ☐ 티끌 ☐ 태산 ☐ 계속 ☐ 먼지 ☐ 씩
☐ -(이)나 ☐ -아/어야겠다

07 티끌 모아 태산

연습해요

다음 빈 칸에 알맞은 말을 넣어 대화를 완성하세요.

1 가: 새 컴퓨터를 사고 싶은데 돈이 없어요.
  나: _____이라고 오늘부터 조금씩 용돈을 모아 보세요.

2 가: 홍수로 집을 잃은 사람들은 어떡하지요?
  나: _____이라고 국민 모두가 조금씩 돈을 모아서 도와주면 큰 힘이 될 거예요.

3 가: _____
  나: 티끌 모아 태산이라더니 대단하군요.

한 걸음 더

▶ 티끌
- 티끌 하나 없이 깨끗하게 청소하세요.
- 나는 그 사람을 티끌만큼도 좋아하지 않아요.

▶ 모으다
- 6개월 동안 모은 돈으로 컴퓨터를 샀어요.
- 두 손 모아 기도 드립니다.
- 요즘 사람들의 관심을 모으고 있는 영화가 뭐예요?

▶ 태산
- 할 일이 태산 같이 많아서 주말에도 일을 해야 해요.
- 걱정이 태산이에요.

함께해요

🐤 다음 그림을 보고 이야기를 만들어 봅시다.

> 티끌 모아 태산!
> 조금씩 돈을 모아 어려운
> 이웃을 도웁시다.

'티끌 모아 태산'이라고 조금씩 돈을 모으면 어려운 사람들을 도울 수 있습니다. 준호 씨도 돕고 싶지만 돈이 없습니다. 어떻게 하면 좋을까요?

_____
_____
_____

🐤 당신은 은행원입니다. '티끌 모아 태산'이라는 속담을 이용하여 사람들이 더 많은 돈을 은행에 저금하도록 설득해 봅시다.

_____
_____
_____
_____
_____

08 우물 안 개구리

대화

> 외국에 가고 싶다고?
>
> 네, 우물 안 개구리가 되지 않기 위해 많은 경험을 하고 싶어요.

민 수: 아버지, 다음 학기에 교환 학생으로 다른 나라에 가고 싶어요.

아버지: 교환 학생?

민 수: 네, 우리 학교에 교환 학생으로 온 외국 친구들을 보니까 제가 **우물 안 개구리가** 된 것 같아서요. 곧 시험이 있는데 한번 도전해 보려고요.

아버지: 그래, 잘 생각했어. 새로운 곳에서 더 많이 보고 배우면 너에게 큰 도움이 될 거야.

민 수: 네, 합격하면 외국에 가서 여러 가지 경험도 하고 열심히 공부도 할 거예요.

※ 우물 안 개구리: 넓은 세상이 있다는 것을 몰라 생각의 폭이 좁은 사람이다.

활용예문

▶ **우물 안 개구리가** 되지 않기 위해서 여행을 많이 하려고 해요.

▶ 가: 큰 도시에 와서 공부하니까 어때요?

　나: 고향에서는 **우물 안 개구리처럼** 제가 제일 똑똑하다고 생각했어요. 그런데 여기에는 저보다 똑똑한 사람들이 아주 많아요. 더 열심히 공부해야겠어요.

새 어휘와 문형

☐ 학기　　☐ 교환　　☐ 우물　　☐ 개구리　　☐ 도전하다　　☐ 새롭다　　☐ 도움

☐ 경험　　☐ 세상　　☐ 폭　　☐ 똑똑하다

연습해요

다음 빈 칸에 알맞은 말을 넣어 대화를 완성하세요.

1. 가: 학교에서 동아리 활동을 하니?
   나: 공부할 시간도 없는데 동아리 활동할 시간이 어디 있니?
   가: 너 그렇게 공부만 하면 _____가 될지도 몰라.

2. 가: 우리 회사 제품이 제일 좋은 줄 알았는데 이번 박람회에서 여러 나라의 다양한 제품들을 보고 많이 놀랐어요.
   나: 정말이에요. 우리는 그동안 _____처럼 다른 회사 제품들에 대해서는 전혀 알아볼 생각도 못 했어요.

3. 가: _____.
   나: 그래요, 정말 우물 안 개구리가 되지 않으려면 좀 더 넓은 곳에서 많은 것들을 보고 배워야 해요.

한 걸음 더

▶ 우물을 파도 한 우물을 파라(⇨) 한 가지 일을 끝까지 해야 성공할 수 있다.
   예) 우물을 파도 한 우물을 파라는 말도 있잖아요. 이것저것 조금씩 하는 것보다 하나만 열심히 하는 게 좋아요.

▶ 우물에 가 숭늉 찾는다(⇨) 모든 일에는 질서와 차례가 있는데 일의 순서도 모르고 급하게 행동한다.
   예) 우물에 가 숭늉을 찾는다고 성격이 급한 남편이 3개월밖에 안 된 아들에게 걷기 연습을 시키려고 해요.

함께해요

이야기해 봅시다. 엄마 개구리는 어떻게 되었을까요?

우물 안에 개구리 가족이 살고 있었습니다. 어느 날 아들 개구리가 우물 밖에서 본 소에 대해서 엄마에게 이야기합니다. 그러나 우물 밖에 나가 본 적이 없는 엄마 개구리는 소가 무엇인지 모릅니다.

1
- 엄마, 나 오늘 우물 밖에서 소를 봤어요.
- 소? 그게 뭐야?

2
- 아주 아주 큰 동물이에요.
- ?

3
- 아니요, 그것보다 훨씬 더 커요.
- 이만큼 크니?

4
- 아니요, 그것보다 더 큰데······.
- 그럼, 이만큼 크니?

5
- 아니에요, 아주, 아주 크다고요!
- 이만큼? 이것보다 더 큰 동물은 세상에 없어

?

09 등잔 밑이 어둡다

대화

(만화 속 대사)
- 저기가 계명 약국이잖아요.
- 아! 등잔 밑이 어둡다더니 바로 앞에 두고 몰랐네요.

아주머니: 저, 실례합니다만 계명 약국이 어디에 있어요?
김 민 수: 네? 계명 약국이요?
아주머니: 네. 분명히 이 근처라고 들었는데 아무리 찾아도 없어요.
김 민 수: 아주머니, 바로 저기잖아요.
아주머니: 아, 그렇군요. **등잔 밑이 어둡다더니** 바로 앞에 두고 못 봤어요. 고마워요, 학생.

※ 등잔 밑이 어둡다: ❶ 가까이 있는 것이 오히려 알기 어렵다.
　　　　　　　　　❷ 남의 일은 잘 알 수 있으나 자기의 일은 잘 모른다.

활용예문

▶ **등잔 밑이 어둡다고** 옆집에서 놀고 있는 아이를 계속 찾아다녔어요.
▶ 가 : 어제 선을 봤는데 그 사람도 내 짝이 아닌 것 같아. 아, 내 짝은 어디에 있을까?
　　나 : **등잔 밑이 어둡다고** 너무 멀리서 찾지 말고 주위에서 잘 찾아봐.

새 어휘와 문형

☐ 실례하다　☐ 약국　☐ 분명히　☐ 찾다　☐ 바로　☐ 등잔　☐ 어둡다
☐ 두다　☐ 오히려　☐ 주위　☐ 아무리　☐ -아/어도

09 등잔 밑이 어둡다 _43

연습해요

다음 빈 칸에 알맞은 말을 넣어 대화를 완성하세요.

1 가: 너 그렇게 제일 앞자리에 앉아서 졸면 교수님이 금방 아실 거야.

   나: _____는 말이 있잖아. 수업 시간에 잠을 자기에는 뒷자리보다 오히려 제일 앞자리가 좋아.

2 가: 요즘 장사가 너무 안 돼요. 어떡하지요?

   나: _____고 먼저 자신부터 잘 살펴보세요. 손님들에게 항상 웃는 얼굴로 친절하게 대하는지……. 음식 맛도 한번 점검해 보세요.

3 가: _____.

   나: 등잔 밑이 어둡다더니…….

한 걸음 더

▶ 업은 아이 삼 년 찾는다(=)

▶ 어둡다

- 우리 교실은 지하라서 낮에도 어두워요.
- 수미는 어두운 표정으로 시험에서 떨어졌다고 말했다.
- 귀가 어두운 할머니께는 항상 큰 소리로 말해야 해요.

▶ 문화 엿보기

〈등잔〉

- 기름을 담아 불을 켜는 데에 쓰는 그릇

44_

함께해요

'등잔 밑이 어둡다'를 사용해서 이야기를 만들어 보세요.

1

2

10 금강산도 식후경

대화

> 자, 제주도 관광하러 나가 볼까?
>
> 금강산도 식후경이라는데, 점심부터 먹어요. 저 지금 배가 너무 고파요.

민 수: 와! 제주도가 정말 아름다워요!
아버지: 그렇지? 오랜만에 와 보니 더 좋구나!
어머니: 정말 좋아요. 우선 호텔에 가서 짐부터 풀고 관광해요.
아버지: 그럽시다.
민 수: 아버지, 어머니 잠깐만요.
어머니: 왜 그러니, 민수야?
민 수: **금강산도 식후경이라는데**, 점심부터 먹어요. 저 지금 배가 너무 고파요.

✽ 금강산도 식후경: 아무리 좋은 것도 배가 불러야 관심을 가지게 된다.

활용예문

▶ **금강산도 식후경이라고** 저녁부터 먹고 영화 보는 게 어때요?

▶ 가: 이번 그림 전시회 정말 기대가 돼. 사람들이 많이 모이기 전에 빨리 가서 보자.
　나: 나도 빨리 가 보고 싶지만 지금은 너무 배가 고파서 안 되겠어.
　　　금강산도 식후경이라고 밥부터 먹고 가자.

새 어휘와 문형

☐ 오랜만　☐ 우선　☐ 짐　☐ 풀다　☐ 관광하다　☐ 금강산　☐ 식후경
☐ 관심　☐ 전시회　☐ 기대　☐ 모이다

연습해요

다음 빈 칸에 알맞은 말을 넣어 대화를 완성하세요.

1 가: 정말 좋은 뮤지컬이었어요. 그런데 사실 저는 배가 너무 고파서 뮤지컬을 잘 못 봤어요.

   나: 저도 그랬어요. _____이라고 다음부터는 꼭 식사부터 하고 봅시다.

2 가: 단풍이 아주 아름다운데요. 어서 산에 올라가요.

   나: 잠깐만요, _____이라고 우리 밥부터 먹고 갑시다. 배고프면 아무리 아름다운 단풍도 눈에 안 들어와요.

3 가: _____.

   나: 금강산도 식후경이라는데 우선 밥부터 먹고 하면 안 될까요?

한 걸음 더

▶ 문화 엿보기

〈금강산〉

북한에 있는 유명한 산으로 곳곳에 폭포와 연못이 있어 경치가 매우 아름답다. 한국 사람 누구나 금강산을 관광할 수 있다. 남북 회담, 이산가족의 만남 등 남북 대화의 장소로 크게 활용되고 있다.

함께해요

🐤 금강산도 식후경! 전국 여러 곳을 여행하기 전에 각 지역의 유명한 음식을 알아봅시다.

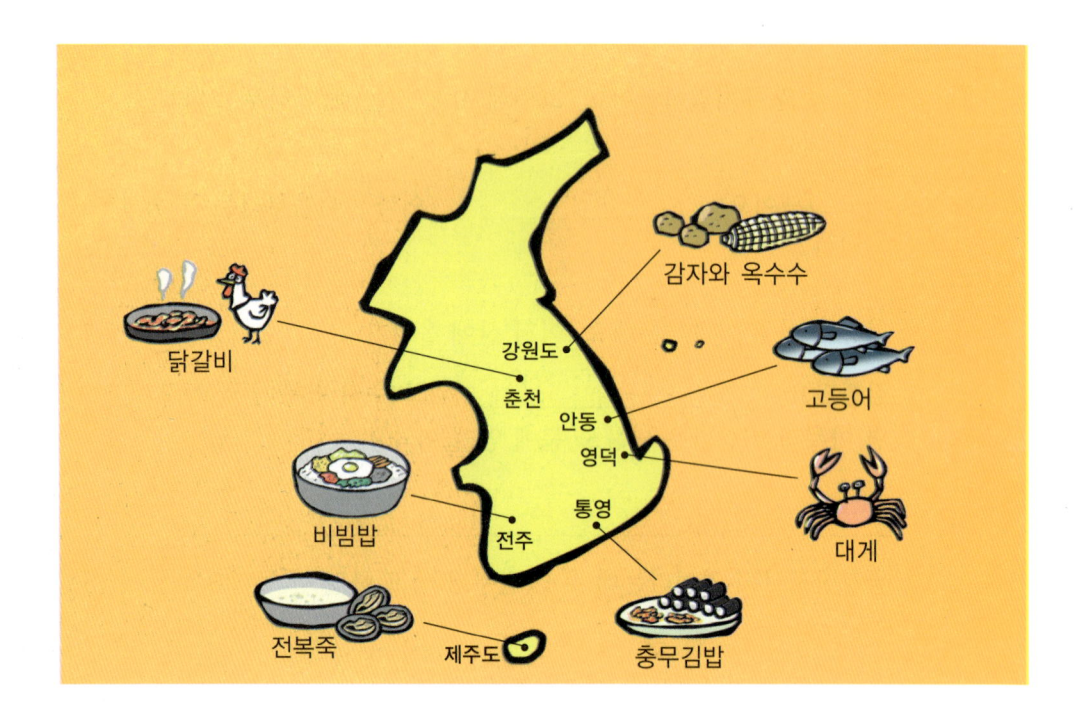

- 닭갈비
- 감자와 옥수수
- 강원도
- 춘천
- 안동
- 영덕
- 통영
- 전주
- 비빔밥
- 고등어
- 대게
- 전복죽
- 제주도
- 충무김밥

🐤 여러분 나라에서는 지역별로 무슨 음식이 유명합니까? 함께 이야기해 봅시다.

11 하늘의 별 따기

대화

> 기차표 샀어요?
>
> 아니요, 요즘 기차표 구하기가 하늘의 별 따기예요.

요 코: 이번 추석에 뭐 하세요?
민 수: 고향에 가려고 해요.
요 코: 민수 씨 고향은 어디예요?
민 수: 부산이에요. 그런데 부산 가는 기차표를 못 구했어요.
요 코: 아직 추석이 일주일이나 남았잖아요.
민 수: 추석에는 많은 사람들이 고향에 가기 때문에 기차표 구하기가 **하늘의 별 따기예요**. 그래서 표를 미리 사야 해요.

✽ 하늘의 별 따기: 무엇을 얻거나 이루기가 매우 어렵다.

활용예문

▶ 그 대학에 입학하기는 **하늘의 별 따기만큼** 어려워요.
▶ 가: 복권을 샀는데 1등에 당첨되면 20억을 준대요.
  나: 복권에 당첨되기는 **하늘의 별 따기인데** 너무 큰 기대는 하지 마세요.

새 어휘와 문형

☐ 추석 ☐ 구하다 ☐ 미리 ☐ 얻다 ☐ 이루다 ☐ 복권 ☐ 당첨되다
☐ -기 때문에

연습해요

다음 빈 칸에 알맞은 말을 넣어 대화를 완성하세요.

1 가: 방송국에 취직했어요?

나: 아니요, 방송국에 취직하기는 _____만큼 어려워요. 벌써 여러 번 떨어졌어요.

2 가: 뮤지컬 표 구했어요?

나: 아니요, 벌써 매진이 되었다고 해요.

가: 인기가 많은 뮤지컬이라서 표 구하기가 _____예요.

3 가: _____.

나: 우리 과에서 장학금 받기는 하늘의 별 따기인데 정말 대단하군요.

한 걸음 더

▶ 식은 죽 먹기(↔) 매우 쉽게 할 수 있다.
예) 미국에서 자란 나에게 영어 시험은 식은 죽 먹기예요.

▶ 문화 엿보기

〈추석〉

음력 8월 15일은 일 년 동안 농사를 지어서 얻은 음식을 조상에게 올리고 감사의 마음을 전하는 날이다. 이날 아침에는 가족들이 모두 모여 차례를 지내고 성묘를 간다. 추석에는 송편을 만들어 먹는데 예쁘게 만들면 예쁜 아이를 낳는다는 말이 있다.

함께해요

이야기해 봅시다.

1\. 여러분에게 하늘의 별 따기처럼 어려운 일과 식은 죽 먹기처럼 쉬운 일은 무엇입니까?

	일	이유
하늘의 별 따기처럼 어려운 일		
식은 죽 먹기처럼 쉬운 일		

2\. 여러분은 하늘의 별 따기처럼 어렵거나 힘든 일을 이루기 위해 노력해 본 적이 있습니까?

3\. 하늘의 별 따기처럼 어려워 보여서 시작하기 전에 포기한 일이 있습니까?

12 세 살 적 버릇 여든까지 간다

버릇을 고쳐야 하는데 쉽게 안 고쳐지네.

앗! 또 손톱을······.

대화

> 조카가 자꾸 거짓말을 해요.

> 세 살 적 버릇 여든까지 간다는데 나쁜 버릇은 빨리 고쳐야 해요.

지 우: 요즘 조카가 자꾸 거짓말을 해서 언니가 걱정을 많이 해요.
민 수: 조카가 몇 살인데요?
지 우: 여덟 살이에요. 어제는 숙제 다 했다고 거짓말을 하고 컴퓨터 게임을 했어요. 오늘은 학원에 간다고 거짓말을 하고 친구 집에 가서 놀았대요.
민 수: **세 살 적 버릇 여든까지 간다고** 하는데 지금 나쁜 버릇을 고치지 않으면 나중에는 고치기 더 힘들 거예요.

✽ 세 살 적 버릇 여든까지 간다: 어릴 때 버릇은 나이가 들어도 고치기 어렵다.

활용예문

▶ 다리를 떠는 버릇은 빨리 고치세요. **세 살 적 버릇 여든까지 간다는** 말도 있잖아요.
▶ 가: 왜 밥에 있는 콩을 안 드세요?
  나: **세 살 적 버릇 여든까지 간다고** 어릴 때부터 콩을 싫어했어요.

새 어휘와 문형

☐ 조카 ☐ 자꾸 ☐ 거짓말 ☐ 걱정 ☐ 학원 ☐ 가다⫽ ☐ 놀다
☐ 버릇 ☐ 고치다 ☐ 나중 ☐ 들다 ☐ 떨다 ☐ 콩

연습해요

다음 빈 칸에 알맞은 말을 넣어 대화를 완성하세요.

1 가: 우리 아이는 손가락을 빠는 버릇이 있어요.
   나: _____고 빨리 고쳐야 해요.

2 가: 여보, 사용한 물건은 제발 제자리에 좀 두세요.
   나: 알았어요. 나도 노력하는데 잘 안 돼요.
   가: 어머님께서 당신이 어릴 때부터 정리를 잘 안 했다고 하셨는데 정말 _____는 말이 맞는 것 같네요.

3 가: _____.
   나: 세 살 적 버릇 여든까지 간다고 하는데 빨리 고치세요.

한 걸음 더

▶ 제 버릇 개 못 준다(=)

▶ 가다 //
• 수업을 마치고 집에 가요.
• 담배를 끊겠다고 했는데 사흘을 못 갔어요.
• 멋진 남자에게 관심이 가요.
• 봄이 가고 여름이 왔어요.

함께해요

다음 상황에 알맞은 이야기를 해 보세요.

1 다음 사람들이 가지고 있는 나쁜 버릇을 어떻게 고치면 좋을까요?

나영이는 공부할 때 항상 볼펜을 입에 물고 있어요.
➡ _____.

에릭은 술을 마시면 같은 말을 계속해요.
➡ _____.

다니엘 씨는 텔레비전을 보면서 다리를 떨어요.
➡ _____.

왕량은 음식을 먹을 때 소리를 내요.
➡ _____.

철수는 남의 물건을 마음대로 사용해요.
➡ _____.

2 여러분은 어떤 버릇을 가지고 있어요? 어떻게 고치면 좋을까요?
나는 _____.
➡ _____.

13 소 잃고 외양간 고친다

대화

> 산불이 나서 다시 나무를 심어야 한대요.
>
> 미리 불조심을 했으면 좋았을 텐데…. 소 잃고 외양간 고치는군요.

나 영: 뉴스를 보니까 요즘 산불이 많이 난다고 해요.
왕 량: 건조한 날씨 때문에 불이 잘 나는 것 같아요.
나 영: 어제 난 산불은 등산객이 피우다 버린 담배 꽁초가 원인이라고 해요.
왕 량: 작은 불이 큰 불을 만들었군요. 산에 나무가 다시 자라려면 오랜 세월이 걸릴 텐데…….
나 영: **소 잃고 외양간 고치기** 전에 항상 미리 주의를 해야 해요.
왕 량: 맞아요. 불조심은 아무리 강조해도 지나치지 않아요.

✽ 소 잃고 외양간 고친다: 일이 잘못된 후에 후회해도 소용없다.

활용예문

▶ **소 잃고 외양간 고친다고** 도둑맞은 뒤에 문을 고치면 뭘 해요?
▶ 가: 태풍 때문에 무너진 집을 다시 지어야 해요.
  나: 다음부터는 **소 잃고 외양간 고치지** 말고 미리 대비하세요.

새 어휘와 문형

☐ 산불   ☐ 나다   ☐ 건조하다   ☐ 담배 꽁초   ☐ 원인   ☐ 자라다   ☐ 세월
☐ 잃다   ☐ 외양간   ☐ 고치다   ☐ 주의   ☐ 강조하다   ☐ 후회하다   ☐ 소용없다
☐ 도둑맞다   ☐ 태풍   ☐ 무너지다   ☐ 짓다   ☐ 대비하다   ☐ -(으)ㄹ 텐데

연습해요

다음 빈 칸에 알맞은 말을 넣어 대화를 완성하세요.

1 가: 술을 너무 많이 마셔서 위가 나빠졌어요. 지금부터 술을 끊을 거예요.
　　나: 생각 잘했어요. _____지 말고 건강은 건강할 때 지키세요.

2 가: 왜 가방을 꿰매고 있어요?
　　나: 가방에 구멍이 나서 휴대폰하고 열쇠를 잃어버렸어요.
　　가: _____.

3 가: _____.
　　나: 소 잃고 외양간 고치는군요.

한 걸음 더

▶ 소도 언덕이 있어야 비빈다(⇨) 믿고 의지할 곳이 있으면 어떤 일을 이루기 쉽다.
　예) 소도 언덕이 있어야 비빈다고 나는 아는 사람도 없고 돈도 없어서 지금 당장 그 일을
　　　시작하기는 힘들어요.

▶ 고치다
　• 고장 난 시계를 고쳤어요.
　• 이 약을 먹고 병을 고쳤어요.
　• 늦게 자는 버릇을 고치세요.

함께해요

오염된 환경을 깨끗하게 만드는 데에는 많은 시간과 노력이 필요합니다. 소 잃고 외양간 고치기 전에 깨끗한 환경을 잘 지키는 것이 중요합니다. 여러분은 환경을 보호하기 위해 얼마나 노력하고 있습니까?

당신은 얼마나 환경을 사랑합니까?

항상 한다(1점)   자주 한다(2점)   가끔 한다(3점)
거의 안 한다(4점)   안 한다(5점)

[   ]   1) 재활용할 수 있는 것은 버리지 않는다.
[   ]   2) 재활용 종이를 사용한다.
[   ]   3) 종이, 유리, 캔 등을 재활용한다.
[   ]   4) 재생되지 않는 재료로 만든 물건은 사용하지 않는다.
[   ]   5) 일회용 물건을 사용하지 않는다.
[   ]   6) 가까운 곳은 걷거나 자전거를 탄다.
[   ]   7) 먼 곳은 버스나 대중교통을 이용한다.
[   ]   8) 여름에 에어컨을 잘 사용하지 않는다.
[   ]   9) 겨울에 난방기의 온도를 많이 높이지 않는다.
[   ]   10) 세제의 사용을 줄인다.
[   ]   11) 방에서 나갈 때 불을 끈다.
[   ]   12) 물을 필요 이상으로 많이 사용하지 않는다.

점수	결과
12-23	당신은 훌륭한 환경 지킴이입니다. 환경을 보호하기 위해 당신이 하는 다른 일은 무엇이 있습니까?
24-35	자연을 사랑하는 당신은 조금만 더 노력하면 환경 지킴이가 될 수 있습니다.
36-47	당신은 환경을 보호해야 한다고 생각만 하고 행동은 잘 하지 않습니다. 작은 일부터 시작해 보세요.
48-60	당신은 환경 보호에 대한 생각을 전혀 하지 않습니다. 소 잃고 외양간 고친다고 깨끗한 환경을 잃은 뒤에 후회하지 말고 지금부터 환경을 지키려는 생각을 가지세요.

14 울며 겨자 먹기

아주 매움

대화

에 릭: 요즘 새벽에 운동한다고 들었는데, 정말이야?
민 수: 응, 매일 새벽에 아버지와 함께 집 뒤에 있는 산에 오르는데, 벌써 세 달이나 되었어.
에 릭: 대단하구나! 그런데 너 아침에 일찍 일어나는 거 힘들어 했잖아.
민 수: 처음에는 일찍 일어나는 게 힘들어서 안 하려고 했는데, 아버지께서 계속 함께 등산하자고 하셔서 **울며 겨자 먹기로** 시작했어. 요즘은 익숙해져서 내가 먼저 일어나서 아버지를 깨워 드릴 정도야.
에 릭: 그렇구나! 매일 산에 오르면서 아버지와 이야기도 많이 할 수 있고 운동도 되니까 아주 좋겠네.

✽ 울며 겨자 먹기: 하고 싶지 않은 일을 억지로 한다.

활용예문

▶ 나는 노래 부르기를 아주 싫어하는데 게임에 져서 **울며 겨자 먹기로** 노래를 했어요.
▶ 가: 오늘 휴일인데 회사에 나오셨네요.
　나: 네, 내일까지 끝내야 할 일이 있어서요. 약속도 취소하고 **울며 겨자 먹기로** 나왔어요.

새 어휘와 문형

□ 새벽　　□ 벌써　　□ 힘들다　　□ 겨자　　□ 깨우다　　□ -(으)ㄹ 정도
□ 억지로　□ 취소하다　□ -(으)며

연습해요

다음 빈 칸에 알맞은 말을 넣어 대화를 완성하세요.

1 가: 어제 선을 봤어요?

나: 네, 아직 결혼할 생각이 없는데 어머니가 자꾸 보라고 하셔서

　　_____로 한번 봤어요.

2 가: 왜 조금 밖에 안 드세요?

나: 요즘 살이 많이 쪄서 _____로 다이어트를 하고 있어요.

3 가: _____.

나: 울며 겨자 먹기군요.

한 걸음 더

▶ 우는 아이 젖 준다(⇨) 자기가 요구해야 쉽게 구할 수 있다.

예) 우는 아이 젖 준다고 계속 컴퓨터를 바꿔 달라고 이야기하니까 결국 바꿔 주시더라.

64_

함께해요

철수 씨는 오늘 하루 동안 하고 싶지 않은 일을 울며 겨자 먹기로 했습니다. 어떤 일들을 했는지 그림을 보고 이야기해 봅시다.

1. 다음 버스를 타고 가면 지각할 텐데……
   요금이 비싸지만……

2. 정말 타기 싫은데……

3. 나는 노래도 잘 못 부르는데……

여러분은 하고 싶지 않은 일을 억지로 한 적이 있습니까? 이야기해 봅시다.

15 원숭이도 나무에서 떨어진다

대화

> 피아니스트가 연주 중에 실수를 했어요.
>
> 원숭이도 나무에서 떨어진다더니 그 사람도 실수를 하는군요.

마 리: 민수 씨, 피아노 연주회 어땠어요? 내가 좋아하는 피아니스트라서 정말 가고 싶었는데 못 가서 아쉬워요.
민 수: 아주 좋았어요. 그런데 중간에 피아니스트가 실수를 했어요.
마 리: **원숭이도 나무에서 떨어진다더니** 그 사람도 실수를 하는군요.
민 수: 오랜만에 하는 연주회라서 좀 긴장했나 봐요. 하지만 당황하지 않고 끝까지 잘했어요.
마 리: 다행이네요. 다음에는 저도 꼭 가고 싶어요.

✻ 원숭이도 나무에서 떨어진다: 어떤 일을 잘하는 사람도 실수를 할 때가 있다.

활용예문

▶ 방송에서 가수가 노래하다가 가사를 잊어버렸어요. **원숭이도 나무에서 떨어진다더니** 긴장했나 봐요.

▶ 가: 오늘 영어 시험 너무 못 쳤어.
　나: **원숭이도 나무에서 떨어진다고** 아무리 영어에 자신 있어도 공부를 했어야지.

새 어휘와 문형

| ☐ 연주회 | ☐ 피아니스트 | ☐ 아쉽다 | ☐ 실수 | ☐ 떨어지다 | ☐ 긴장하다 |
| ☐ 당황하다 | ☐ 방송 | ☐ 실력 | ☐ 가사 | ☐ 자신(이) 있다 | ☐ -나 보다 |

연습해요

다음 빈 칸에 알맞은 말을 넣어 대화를 완성하세요.

1. 가: 선생님, 정답이 2가 아니라 3인데요.

   나: 아, 그렇구나. 내가 계산을 잘못했군. _____ 고 선생님도 가끔 틀릴 때가 있어.

2. 가: 불고기가 좀 짜지요? 소금을 설탕으로 착각했어요.

   나: _____ 더니, 당신도 그런 실수를 하는군!

3. 가: _____.

   나: 원숭이도 나무에서 떨어진다더니…….

한 걸음 더

▶ 까마귀 날자 배 떨어진다(⇨) 우연히 동시에 일어난 일 때문에 남의 의심을 받게 된다.
예) 까마귀 날자 배 떨어진다고 내가 컴퓨터를 쓰자마자 고장이 나서 형에게 야단을 맞았다.

▶ 떨어지다
- 아들이 입학시험에서 떨어졌어요.
- 단추가 떨어졌어요.
- 오늘 서울은 기온이 영하로 떨어졌어요.

함께해요

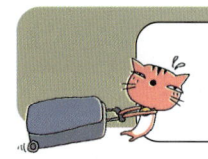

재미로 보는 열두 띠 이야기

쥐띠	1972년 1984년	일을 해결하는 능력이 뛰어나고 애교가 많다. 자존심이 아주 강하고 고집이 세다.
소띠	1973년 1985년	활동하는 것보다 혼자 있는 것을 좋아한다. 성실하고 부지런하다.
호랑이띠	1974년 1986년	남들 앞에 서는 것을 좋아한다. 지기 싫어하는 성격으로 승부욕이 강하다.
토끼띠	1975년 1987년	논리적이고 정확한 것을 좋아한다. 이성적으로 행동하려고 노력한다.
용띠	1976년 1988년	적극적이고 활동적이다. 너무 이상적이다.
뱀띠	1977년 1989년	똑똑하고 재미있어서 주변에서 인기가 많다. 사교적이며 친절하다.
말띠	1978년 1990년	아주 현실적이다. 기분에 따라 감정의 변화가 크다.
양띠	1979년 1991년	조용히 혼자서 공부하는 것을 좋아한다. 봉사심과 인내심이 강하다.
원숭이띠	1980년 1992년	유머 감각이 뛰어나다. 어디에서나 인기가 많다.
닭띠	1981년 1993년	화려한 생활을 좋아한다. 자기 주장이 강하고 구속 받기를 싫어한다.
개띠	1982년 1994년	사람들과 어울리는 것을 좋아한다. 남을 잘 이해한다.
돼지띠	1983년 1995년	독창적인 아이디어가 풍부하다. 예술 방면에 뛰어난 능력을 가지고 있다.

16 말이 씨가 된다

비가 와서 축구 경기가 취소되면 어떡하지?

대화

> 부케 받고 6개월 안에 결혼 안 하면 결혼하기 어렵대요.
>
> 말이 씨가 된다는데 그런 말은 하지 마세요.

요 코: 오늘 친구 결혼식에서 부케를 받았어요.
민 수: 남자 친구도 없는데 부케를 받았어요?
요 코: 왜요? 받으면 안 돼요?
민 수: 부케 받고 6개월 안에 결혼 안 하면 결혼하기 힘들다는 말이 있어요.
요 코: 그런 말 하지 마세요. **말이 씨가 된다고** 하잖아요. 내가 정말 결혼 못하면 민수 씨가 책임져야 해요.
민 수: 하하하. 그래요, 내가 책임질게요. 요코 씨가 서른 살까지 결혼 못하면 그때는 나와 결혼합시다. 어때요?

✽ 말이 씨가 된다: 가볍게 한 말이 실제로 이루어질 수 있으므로 말조심해야 한다.

활용예문

▶ **말이 씨가 된다는데** '죽겠다'는 말 좀 그만 하세요.
▶ 가: 너무 떨려요. 이번 시험에 떨어질 것 같아요.
　나: **말이 씨가 된다잖아요.** 좋게 생각하세요. 반드시 합격할 거예요.

새 어휘와 문형

☐ 부케　☐ 씨　☐ 책임지다　☐ 그만하다　☐ 떨리다　☐ 반드시　☐ 합격하다

연습해요

다음 빈 칸에 알맞은 말을 넣어 대화를 완성하세요.

1 가: 왜 이렇게 안 오지? 전화도 안 받아. 혹시 사고 난 건 아닐까?

　　나: _____는데 그런 말 하지 마세요. 다른 일이 있겠지요.

2 가: 내일 비가 많이 와서 소풍을 못 가게 되면 어떡하지?

　　나: _____는데 정말 비가 와서 소풍을 못 가게 되면 다 네 탓이야.

3 가: _____.

　　나: 말이 씨가 된다고 하는데 넌 왜 항상 나쁘게 말하니?

한 걸음 더

▶ 가는 말이 고와야 오는 말이 곱다(⇨) 자기가 남에게 말이나 행동을 좋게 해야 남도 자기에게 말이나 행동을 좋게 한다.
　예) 가는 말이 고와야 오는 말이 곱다고 내가 먼저 정중하게 말하면 상대방도 나에게 정중하게 말을 할 것이다.

▶ 발 없는 말이 천리 간다(⇨) 비밀로 한 말도 잘 퍼지니 말을 조심해야 한다.
　예) 발 없는 말이 천 리 간다고 내가 이번 달에 결혼한다는 사실을 캐나다에 있는 마이클 씨도 알고 있더라고요.

▶ 낮말은 새가 듣고 밤말은 쥐가 듣는다(⇨) 비밀로 한 말도 남의 귀에 들어가게 되니 말을 조심해야 한다.
　예) 너는 입이 너무 가벼워. 낮말은 새가 듣고 밤말은 쥐가 듣는다고 하잖아. 제발 말조심 좀 해.

▶ 말 한마디에 천 냥 빚을 갚는다(⇨) 말을 잘하면 어려운 일도 해결된다.
　예) 말 한마디에 천 냥 빚을 갚는다고 하잖아요. 말씀만 잘 드리면 사장님께서 우리 부탁을 들어주실 거예요.

함께해요

우리가 하는 말은 우리의 사고와 행동, 운명을 바꾼다고 합니다. 그리고 사소한 말 한마디가 친구와 적을 결정합니다. 좋은 인간관계를 만들기 위해 아름다운 말, 따뜻한 말을 해 봅시다.

1. 인정합시다
   "너도 옳고, 다른 너도 옳고, 또 다른 너도 옳다." – 황희

2. 참읍시다
   "화가 많이 나면 마음속으로 열을 세십시오. 열까지 세어도 계속 화가 나면 백까지 세십시오."– 토마스 (Jefferson Thomas)

3. 이해합시다
   "그 사람은 정말 마음에 안 들어. 그 사람에 대해 더 많이 알아봐야겠어."
   – 링컨 (Abraham Lincoln)

4. 비난하지 맙시다
   "함부로 한 말은 상대방의 가슴 속에 수십 년 동안 화살처럼 꽂혀 있다."
   – 롱펠로우 (Henry Wadsworth Longfellow)

5. 칭찬합시다
   "좋은 말을 남에게 베푸는 것은 좋은 옷을 입히는 것보다 따뜻하다." – 순자

6. 유머를 사용합시다
   "운명과 유머는 같이 세계를 지배한다." – 콕스(Harvey Cox)

7. _____
   "_____"

17 걱정도 팔자다

대화

> 나영 씨 친구가 저를 좋아할까요? 나는 잘생기지도 않았고 유머감각도 없는데…….
>
> 아직 만나 보지도 않았는데 걱정도 팔자네요.

나 영: 에릭 씨, 여자 친구 있어요?
에 릭: 아니요, 왜요?
나 영: 좋은 친구가 있는데 소개해 줄까요?
에 릭: 네, 좋아요. 그런데 나영 씨 친구가 나를 좋아할지 모르겠어요. 나는 잘생기지도 않았고 유머 감각도 없어요. 요즘 여자들은 재미있는 남자를 좋아한다고 하잖아요.
나 영: 아직 만나 보지도 않았는데 **걱정도 팔자네요**. 에릭 씨는 친절하고 마음이 넓은 사람이니까 내 친구가 좋아할 거예요.
에 릭: 그래요? 그럼 어서 약속 장소와 시간을 정합시다. 저는 아무 때나 괜찮으니까 나영 씨 친구가 편한 시간으로 정하세요.

✻ 걱정도 팔자: 하지 않아도 되는 걱정을 한다.

활용예문

▶ 하늘이 무너질까 봐 걱정을 하다니 정말 **걱정도 팔자군요**.
▶ 가: 이번 시험에서 떨어지면 어쩌지요?
   나: **걱정도 팔자군요**. 1년 동안 열심히 준비했는데 뭐가 걱정이에요?

새 어휘와 문형

☐ 소개하다 ☐ 유머 ☐ 감각 ☐ 팔자 ☐ 마음(이) 넓다 ☐ 정하다 ☐ -(으)ㄹ지 모르다

17 걱정도 팔자다 _75

연습해요

다음 빈 칸에 알맞은 말을 넣어 대화를 완성하세요.

1 가: 요즘 세상은 걱정할 것이 너무 많아요. 불이 날까 걱정, 우리 아이가 다칠까 걱정, 도둑 들까 걱정, 나쁜 일 당할까 걱정…….

나: 정말 _____군요. 앞일을 걱정만 하지 말고 미리 「우리 가족 안심보험」에 가입하세요.

2 가: 우리 딸이 아직도 결혼을 못 해서 걱정이에요.

나: _____네요. 얼굴도 예쁘고 성격도 좋고 직업까지 좋은데 무슨 걱정이에요? 곧 좋은 남자를 만나서 결혼할 거예요.

3 가: _____.

나: 걱정도 팔자군요. _____.

한 걸음 더

▶ 걱정을 사서 하다(=)
▶ 걱정이 많으면 빨리 늙는다(⇨) 쓸데없는 걱정은 할 필요가 없다.
  예) 내일 늦잠을 자서 비행기를 놓치면 어떡하냐고? 내가 깨워 줄 테니까 그런 걱정은 하지 마. 걱정이 많으면 빨리 늙는다고 하잖아.

함께해요

다음 이야기를 읽어 봅시다.

어느 마을에 할아버지가 살고 있었다. 할아버지에게는 두 아들이 있었는데 큰 아들은 짚신을 팔고, 작은 아들은 우산을 팔았다. 할아버지는 두 아들 때문에 항상 걱정이 많았다.

비가 오는 날에는 큰 아들의 짚신이 팔리지 않아서 걱정이었고, 맑은 날에는 작은 아들의 우산이 팔리지 않아서 걱정이었다. 비가 와도 걱정, 날씨가 맑아도 걱정을 하는 할아버지에게 어느 날 옆집 아주머니가 이렇게 말을 했다. "할아버지, 정말 걱정도 팔자예요. 날씨가 맑으면 큰 아들의 짚신이 많이 팔려서 좋고, 비가 오면 작은 아들의 우산이 많이 팔리니 얼마나 좋아요?" 이 말을 들은 후 할아버지는 걱정 없이 행복하게 잘 살았다고 한다.

다음과 같은 상황에서 긍정적으로 생각해 봅시다.

1. 아직 반밖에 안 올라왔어요? 언제 정상까지 올라가지요? 너무 힘들어요.

2. 벌써 반이나 마셨어? 아이, 아까워라.

18 싼 게 비지떡

대화

> 바지가 아주 싸서 하나 샀어. 그런데 한 번 빨고 나니까 줄어들었어.
>
> 싼 게 비지떡이라고 하잖아.

나 영: 아, 속상해.
민 수: 왜 그래? 무슨 일 있어?
나 영: 인터넷 쇼핑을 하다가 바지가 아주 싸서 하나 샀거든. 처음엔 몸에도 딱 맞고 좋았는데, 한 번 빨고 나니까 바지가 줄어들어 입을 수 없게 되었어.
민 수: 그럼 전화해서 바꿔 달라고 하면 되잖아.
나 영: 조금 전에 전화해 봤는데 입은 옷은 교환이나 환불을 해 줄 수 없대.
민 수: **싼 게 비지떡이라고** 다음부터는 조금 비싸도 좋은 옷을 사도록 해.
나 영: 앞으로는 그래야겠어. 싸서 서너 벌 사려고 했었는데 하나만 사서 정말 다행이야.

✻ 싼 게 비지떡: 값이 싼 물건은 그 품질도 나쁘다.

활용예문

▶ **싼 게 비지떡이라고** 하지만 요즘은 싸고 좋은 물건들도 많아요.
▶ 가: 할인점에서 자전거를 아주 싸게 샀는데, **싼 게 비지떡이라더니** 산 지 이틀 만에 고장이 났어요.
  나: 그래요? 나도 그 자전거 사려고 했었는데……

새 어휘와 문형

□ 속상하다 □ 딱 □ 맞다 □ 빨다 □ 줄어들다 □ 교환 □ 환불
□ 다행이다 □ 할인점 □ 고장나다 □ -다가 □ -거든 □ -도록 하다

※비지떡: 두부를 만들고 남은 찌꺼기인 비지로 만든 떡

연습해요

다음 빈 칸에 알맞은 말을 넣어 대화를 완성하세요.

1 가: 이 운동화 어때요? 예쁘지 않아요? 어제 5000원 주고 한 켤레 샀는데…….

　나: 예뻐요. 하지만 _____이라는데 오래 신을 수 있을까요?

2 가: 요즘 가격이 싼 화장품이 유행이잖아요. 처음에는 _____
　　이라고 생각해서 안 썼어요. 그런데 사용해 보니까 생각보다 좋은 것 같아요.

　나: 그래요? 나도 한번 사용해 봐야겠어요.

3 가: _____.

　나: 그러니까 싼 게 비지떡이라고 하잖아요.

한 걸음 더

▶ 문화 엿보기

〈떡〉

　쌀을 주식으로 하는 한국 사람은 밥과 함께 떡을 즐겨 먹는다. 특히 명절이나 돌잔치, 회갑 등의 중요한 날에 떡은 빠지지 않는다. 대표적으로 설날에는 떡국을 먹고 추석에는 송편을 먹는다. 그리고 새로 이사 가면 보통 시루떡을 나누어 주면서 이웃에게 인사를 한다.

함께해요

"무조건 싼 게 비지떡은 아닙니다."

매주 토요일에 벼룩시장이 열립니다. 여러분은 사용하던 물건을 싸게 팔려고 합니다. 그런데 보통 사람들은 싼 게 비지떡이라고 생각하여 잘 사려고 하지 않습니다. 여러분은 어떤 방법으로 물건을 팔겠습니까?

팔 물건	가격	판매 방법

여러분의 쇼핑 경험을 이야기해 봅시다.

1 ( ) 안에 구입한 물건을 써 봅시다.

	질이 좋다	질이 안 좋다
값이 비싸다	① ( )	② ( )
값이 싸다	③ ( )	④ ( )

2 물건을 사고 만족했습니까?

물건 \ 만족도	아주 좋았다	좋았다	그저 그랬다	나빴다
① ( )				
② ( )				
③ ( )				
④ ( )				

3 위의 결과를 보고 '싼 게 비지떡'이라는 말에 대해 이야기해 봅시다.

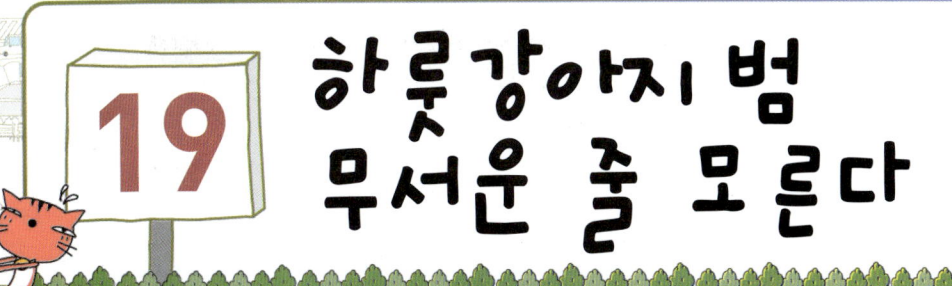

19 하룻강아지 범 무서운 줄 모른다

대화

(민수한테 태권도 시합하자고 했어.)

(하룻강아지 범 무서운 줄 모르고……. 한 달 배운 네가 태권도 대표 선수인 민수를 이길 수 있겠니?)

나 영: 에릭, 어디에 가니?
에 릭: 민수한테 태권도 시합하자고 했어. 한 달 전부터 태권도를 배우기 시작했거든.
나 영: 시합이라고? 그냥 연습하러 가는 거지?
에 릭: 아니, 시합하러 가는 거야. 지는 사람이 한 달 동안 점심을 사기로 했어.
나 영: **하룻강아지 범 무서운 줄 모르고**……. 민수가 우리 학교 태권도 대표 선수라는 거 모르고 있었니?
에 릭: 정말이야? 나는 민수가 운동을 다 잘 하니까 태권도도 조금 하는 줄 알았지. 그럼 나영아, 민수한테 내가 많이 아파서 시합을 못한다고 말해 줄래?

✻ 하룻강아지 범 무서운 줄 모른다: 세상에 대해서 잘 모르는 사람이 겁 없이 행동한다.

활용예문

▶ **하룻강아지 범 무서운 줄 모른다고** 할아버지 앞에서 담배를 피우다니…….
▶ 가: 준우 씨가 사장님한테 최신 컴퓨터로 바꿔 달라고 말했대요.
   나: 신입사원인 준우 씨가요? **하룻강아지 범 무서운 줄 모른다더니**…….

새 어휘와 문형

□ 시합   □ 지다   □ 하룻강아지   □ 범   □ 무섭다   □ 대표   □ 겁
□ 최신   □ 입사   □ -기로 하다   □ -(으)ㄴ/는 줄 알다

19 하룻강아지 범 무서운 줄 모른다

연습해요

다음 빈 칸에 알맞은 말을 넣어 대화를 완성하세요.

1 가: 오늘 아침에 과속으로 경찰한테 걸렸어.

   나: _____다더니 면허 딴 지 얼마 안 되었으면서 그렇게 과속하면 어떡하니?

2 가: 두 달 된 우리 집 강아지가 옆집 개를 보고 짖다가 그 개한테 물렸어. 그래서 병원에 갔다 오는 길이야.

   나: _____.

3 가: 무슨 일 있니?

   나: 하룻강아지 범 무서운 줄 모르고 _____.

한 걸음 더

▶ **개도 주인을 알아본다**(⇨) 동물인 개도 주인을 안다는 뜻으로 은혜를 모르는 사람을 꾸짖을 때 하는 말이다.
예) 개도 주인을 알아본다는데 김 대리는 10년 동안 보살펴 주신 사장님의 은혜도 모르고 회사의 중요한 정보를 다른 회사에 팔았다.

▶ **개밥에 도토리**(⇨) 개는 도토리를 먹지 않기 때문에 밥 속에 있어도 남기는 것처럼, 여러 사람에게 따돌림을 받는 사람을 말한다.
예) 친구들은 모두 애인과 여행 왔는데 나만 혼자여서 개밥에 도토리 같았어.

84_

함께해요

강아지의 행동에 닭과 오리들은 어떤 반응을 보였을까요?

	태어난 지 두 달된 강아지가 엄마 개와 함께 닭과 오리들이 있는 곳으로 갔습니다.
	엄마 개가 '멍멍' 크게 짖자 평화롭게 놀고 있던 닭과 오리들이 깜짝 놀라 모두 도망갔습니다. 강아지는 옆에서 이 광경을 열심히 지켜보고 있었습니다.
	어느 날 강아지는 혼자서 닭과 오리들이 있는 곳에 갔습니다. 그리고 엄마 개처럼 '멍멍' 하고 짖었습니다.
?	

20 가는 날이 장날이다

대화

> 금일휴관?
>
> 가는 날이 장날이라고 오늘이 미술관 쉬는 날이네요.

지 우: 마리 씨, 오늘 저하고 고흐 전시회 보러 갈래요?
마 리: 네, 좋아요. 그런데 어디에서 해요?
지 우: 중앙 미술관에서 한대요. 내가 가는 길을 아니까 지금 갑시다.
　　　(잠시 후 미술관에 도착)
지 우: 바로 여기예요. 내가 입장권을 사 올게요.
마 리: 잠깐만요, 지우 씨. 저기 '금일휴관' 이라고 쓰여 있는데 무슨 뜻이에요?
지 우: 어머, 어떡하지요? 오늘은 미술관이 쉬는 날이에요. **가는 날이 장날이라고** 하더니 마음먹고 왔는데 휴일이네요. 미리 알아 보지 못해서 미안해요.

✽ 가는 날이 장날이다: 계획한 일을 하려고 할 때 공교로운 일이 생긴다.

활용예문

▶ 오랜만에 공부하러 도서관에 갔는데 **가는 날이 장날이라고** 도서관이 공사 중이었어요.
▶ 가: 오늘 체육대회를 하는 날인데 비가 너무 많이 와요.
　 나: **가는 날이 장날이군요.**

새 어휘와 문형

☐ 전시회　☐ 입장권　☐ 금일　☐ 휴관　☐ 장날　☐ 휴일　☐ 마음먹다
☐ 계획　☐ 공사　☐ 체육대회　☐ -네(요)　☐ -아/어 있다

연습해요

다음 빈 칸에 알맞은 말을 넣어 대화를 완성하세요.

1 가: 목욕탕에 간다고 하더니 왜 그냥 왔어요?
   나: _____이라고 오늘이 정기휴일이었어요.

2 가: _____이라더니 영화표가 매진되었네요.
   나: 아, 정말 아쉬워요. 꼭 보고 싶은 영화였는데…….

3 가: _____.
   나: 가는 날이 장날이라고 하더니 어떡하지요?

한 걸음 더

▶ 문화 엿보기

〈장날〉

한국에는 5일마다 한 번씩 열리는 5일장이 있다. 많은 사람들이 모이는 5일장에서 사람들은 물건을 사고 파는 것뿐만 아니라 평소에 만나고 싶었던 사람을 만나기도 하고, 장에서 파는 맛있는 음식을 먹기도 한다. 또한 유명한 장이 서는 날이면 그 지역의 특산품을 살 수도 있고 독특한 문화도 즐길 수 있다.

함께해요

「머피의 법칙」을 아세요? 머피의 법칙은 일이 원하는 것과 반대로 일어나는 것을 말합니다.

1 다음 상황에서 쉽게 발견할 수 있는 「머피의 법칙」은 무엇인지 찾아봅시다.

> **보기**
> 전화의 법칙: 펜이 있으면 메모지가 없고, 메모지가 있으면 펜이 없고, 펜과 메모지 다 있으면 적을 내용이 없다.

가. 언제나 쇼핑백의 가장 아래에 있다.
나. 기술자가 도착하면 정상으로 작동한다.
다. 좋아하는 노래의 마지막 부분이 나온다.
라. 휴지가 없다.
마. 다른 사람에게서 "오늘 머리 예쁘다."라는 말을 듣는다.

1) 라디오의 법칙: 라디오를 켜면 (   )
2) 사무실의 법칙: 고장 난 기계는 (   )
3) 화장실의 법칙: 급하게 화장실에 가면 (   )
4) 미용실의 법칙: 미용실에 가려고 하면 (   )
5) 쇼핑백의 법칙: 집에 가는 길에 먹으려고 산 초콜릿은 (   )

2 다음 그림을 보고 「머피의 법칙」을 이야기해 봅시다.

1)   2)

3 여러분이 경험한 「머피의 법칙」은 무엇입니까?

종합연습

01과~20과

연습1 〈보기〉에서 알맞은 말을 골라 다음 속담을 완성하세요.

| 보기 | 개구리 | 원숭이 | 돼지 | 강아지 | 호랑이 | 토끼 |

1 하룻_____ 범 무서운 줄 모른다
2 우물 안 _____
3 _____ 잃고 외양간 고친다
4 _____도 나무에서 떨어진다
5 _____도 제 말하면 온다

연습2 다음 뜻에 맞는 속담의 번호를 쓰세요.

① 티끌 모아 태산   ② 세 살 적 버릇 여든까지 간다
③ 싼 게 비지떡   ④ 작은 고추가 맵다   ⑤ 병 주고 약 준다

1 먼지처럼 작은 것이라도 계속해서 모으면 산처럼 커진다.   (   )
2 값이 싼 물건은 당연히 그 품질도 나쁘다.   (   )
3 다른 사람에게 피해를 준 후 도와주는 척한다.   (   )
4 어릴 때 버릇은 나이가 들어도 고치기 어렵다.   (   )

연습3 다음에 해당하는 속담을 쓰세요.

1 민수는 머리를 계속 기르고 싶었다. 하지만 여자 친구가 머리 긴 남자는 싫다고 해서 어쩔 수 없이 머리를 잘랐다.
   ➡ _____.

2 물건을 바꾸려고 가게에 갔는데 가게 점원이 너무 불친절하게 말을 해서 나도 그만 화를 내고 말았다.
   ➡ _____.

3 어제 하루 종일 손목시계를 찾았다. 분명히 책상 위에 두었는데 아무리 찾아도 없었다. 그런데 온 집안을 찾아도 없던 시계가 내 주머니에서 나왔다.
   ➡ _____.

연습4 〈보기〉의 속담과 반대의 뜻을 가진 속담을 고르세요.

> **보기**
> 식은 죽 먹기

① 티끌 모아 태산　　　② 하늘의 별 따기
③ 걱정도 팔자　　　　④ 금강산도 식후경

연습5 다음 속담을 이용해 짧은 글을 만들어 보세요.

1 작은 고추가 맵다
   ➡ _____.

2 병 주고 약 준다
   ➡ _____.

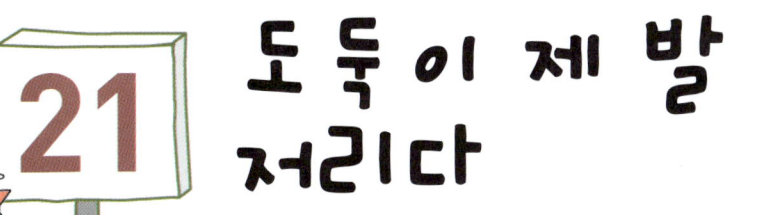

21 도둑이 제 발 저리다

대화

> MP3가 고장났다고? 난 아니야, 난 만지지도 않았어.
>
> 도둑이 제 발 저리다더니 물어보지도 않았는데 왜 그래?

민 수: 내 MP3가 고장난 것 같아. 조금 전까지 괜찮았는데 소리가 안 나오네. 이게 왜 이러지?

동 생: 난 아 아 아 아니야, 절대 아니야. 나는 MP3를 만지지도 않았어.

민 수: 너 좀 수상하구나! 물어 보지도 않았는데 왜 그래? **도둑이 제 발 저리다**더니 얼굴도 빨개지고 말까지 더듬네.

민 수: 화 안 낼 테니까 솔직하게 말해 봐. 네가 고장 냈지?

동 생: 형, 정말 화 안 낼 거야?

민 수: 그래, 어서 말해 봐.

동 생: 사실은 아까 음악 좀 들어보려고 하다가 떨어뜨렸어. 미안해.

✽ 도둑이 제 발 저리다: 자기의 잘못을 들킬까 봐 걱정한다.

활용예문

▶ **도둑이 제 발 저리다고** 경찰을 보자 그 남자는 도망가 버렸다.

▶ 가: **도둑이 제 발 저리다더니** 부모님께 거짓말을 한 후부터 부모님 얼굴을 못 보겠어요.
  나: 나도 그런 적이 있어요. 그래서 이제는 부모님께 거짓말을 안 해요.

새 어휘와 문형

☐ 소리 ☐ 나오다 ☐ 만지다 ☐ 수상하다 ☐ 저리다 ☐ 더듬다 ☐ 솔직하다
☐ 떨어뜨리다 ☐ 들키다 ☐ 도망가다 ☐ -아/어 보다

연습해요

다음 빈 칸에 알맞은 말을 넣어 대화를 완성하세요.

1 가: 부장님이 나를 의심하는 것 같아서 정말 기분이 나빠.

   나: 부장님은 아무 말도 안 했는데 왜 그런 생각을 해?
   _____더니 혹시 네가 한 일 아니야?

2 가: 누가 내 안경을 깨뜨렸어요?

   나: 나 나 나는 아니에요.

   가: _____더니 말은 왜 더듬어요?

3 가: _____.

   나: 도둑이 제 발 저리다더니…….

한 걸음 더

▶ 바늘 도둑이 소 도둑 된다(⇨) 아무리 작고 나쁜 습관도 자꾸 반복하면 더 커지고 심해진다.
   예) 바늘 도둑이 소 도둑 된다고 나쁜 습관은 빨리 고쳐야 해요.
▶ 믿는 도끼에 발등 찍힌다(⇨) 믿었던 사람이 배신한다.
   예) 믿는 도끼에 발등 찍힌다더니 친한 친구가 내 돈을 훔쳤다.

▶ 저리다
- 바닥에 오래 앉아 있어서 다리가 저려요.
- 가슴이 저리게 고향이 그리워요.

함께해요

이야기해 봅시다.

1 사람들이 하는 거짓말은 무엇일까요? 생각해 봅시다.

친구	이건 너한테만 하는 말인데…….
간호사	이 주사 전혀 안 아파요.
비행기 조종사	승객 여러분, 아주 작은 문제가 생겼습니다.
학원 광고	모두 합격할 수 있어요.
장사하는 사람	이 값에 팔면 남는 것 하나도 없어요.
술에 취한 사람	나 전혀 안 취했어.
_____	_____.

2 도둑이 제 발 저리다고 거짓말이나 나쁜 일을 할 때 나타나는 여러분의 버릇은 무엇입니까?

1) 코를 자주 만진다.
2) 땀을 흘린다.
3) 주위를 왔다 갔다 한다.
4) 다리를 떤다.
5) 다른 사람과 눈을 맞추지 못한다.
6) 화를 낸다.
7) 머리를 긁는다.
8) 말이 빨라진다.
9) _____.

22 하늘이 무너져도 솟아날 구멍이 있다

대화

지 우: 지금 뭐해요?
다니엘: 이번 달 별자리 운세를 보고 있어요.
지 우: 그래요? 뭐라고 쓰여 있어요?
다니엘: **하늘이 무너져도 솟아날 구멍이 있다고** 쓰여 있는데 무슨 말인지 모르겠어요.
지 우: 아, 그건 아무리 힘든 일이 있어도 반드시 해결할 방법이 있다는 말이에요. 그러니까 다니엘 씨, 혹시 힘든 일이 있더라도 포기하지 말고 열심히 하면 좋은 결과가 생길 거예요.
다니엘: 아, 그런 말이었군요. 지우 씨의 별자리도 봐 줄까요? 생일이 언제예요?
지 우: 4월 2일이에요.
다니엘: 그럼, 양자리네요.

✽ 하늘이 무너져도 솟아날 구멍이 있다: 아무리 어려운 일이라도 해결할 방법이 있다.

활용예문

▶ 산에 갔다가 길을 잃은 적이 있어요. 날은 점점 어두워지고 추워지는데 휴대폰도 안 되고……. 정말 무서웠어요. 하지만 **하늘이 무너져도 솟아날 구멍이 있다고** 지나가던 등산객에게 발견되어 구조됐어요.
▶ 가: 시험이 다음 주로 연기되었어요.
　나: 그래요? 시험공부를 많이 못해서 걱정이었는데 정말 **하늘이 무너져도 솟아날 구멍이 있군요.**

새 어휘와 문형

☐ 별자리　☐ 운세　☐ 무너지다　☐ 솟아나다　☐ 구멍　☐ 해결하다　☐ 혹시
☐ 포기하다　☐ 결과　☐ 생기다　☐ 발견되다　☐ 구조되다　☐ 연기되다　☐ -더라도
☐ -아/어 주다

연습해요

다음 빈 칸에 알맞은 말을 넣어 대화를 완성하세요.

1 가: 컴퓨터가 고장 나서 오늘까지 일을 못 한다고 하더니 어떻게 다 했어요?

　나: _____고 친구가 노트북을 빌려줬어요.

2 가: 등록금 냈어? 돈이 없다고 했잖아.

　나: _____고 하더니 장학금을 받게 되었어. 정말 다행이야.

3 가: _____.

　나: 하늘이 무너져도 솟아날 구멍이 있다고 했으니까 너무 걱정하지 말고 함께 방법을 찾아봅시다.

한 걸음 더

▶ 하늘의 별 따기(⇨) 무엇을 얻거나 이루기가 몹시 어렵다.
　예) 설날에 기차표를 사는 것은 하늘의 별 따기예요.

▶ 하늘은 스스로 돕는 자를 돕는다(⇨) 어떤 일을 이루기 위해서는 자신의 노력이 중요하다.
　예) 하늘은 스스로 돕는 자를 돕는다고 했는데 그렇게 아무 일도 하지 않으면서 어떻게 부자가 되겠어요?

▶ 무너지다
　• 지진으로 집이 무너졌어요.
　• 모든 희망이 무너져 버렸어요.
　• 상대편이 우리에게 2:0으로 무너졌다.

함께해요

재미로 보는 별자리 이야기

물병자리 1/20~2/18	물고기자리 2/19~3/20	양자리 3/21~4/20	황소자리 4/21~5/20
똑똑하고 솔직하다. 신중하게 생각한다. 행운의 색: 노란색	감수성이 풍부하고 친절하다. 행운의 색: 파란색	용기가 있다. 리더십이 있다. 행운의 색: 빨간색	성실하고 착하다. 친구들과 친하다. 행운의 색: 하늘색

쌍둥이자리 5/21~6/21	게자리 6/22~7/22	사자자리 7/23~8/22	처녀자리 8/23~9/22
호기심이 많다. 유머가 풍부하다. 행운의 색: 회색	성실하고 책임감이 강하다. 행운의 색: 분홍색	열정적이다. 성격이 밝다. 행운의 색: 금색	순수하다. 책임감이 강하다. 행운의 색: 보라색

천칭자리 9/23~10/21	전갈자리 10/22~11/21	사수자리 11/22~12/21	염소자리 12/22~1/19
조용한 성격이다. 친구들과 친하다. 행운의 색: 초록색	호기심이 강하다 매력적이다. 행운의 색: 연보라	인내심이 강하다. 열심히 노력한다. 행운의 색: 검은색	신중하고 완벽하다. 믿음직하다. 행운의 색: 은색

별자리를 보고 친구들의 성격에 대해서 이야기해 봅시다.

	이름: _____	이름: _____
별자리에 나타난 성격		
내가 생각하는 친구의 성격		

23 갈수록 태산이다

대화

> 오늘 직장을 잃었는데 주인이 집세를 올려 달라고 해. 아직 친구에게 빌린 돈도 다 못 갚았는데……
>
> 정말 갈수록 태산이네.

마 리: 다니엘, 무슨 일 있어? 아주 우울해 보여.

다니엘: 아무것도 아니야.

마 리: 왜 그래? 나한테 말해 봐. 우린 가장 친한 친구잖아.

다니엘: 사실은 오늘 직장을 잃었어. 게다가 집주인이 집세를 올려 달라고 해. 지난번에 집을 구할 때 친구에게 빌린 돈도 아직 다 못 갚았는데 어떡하면 좋을지 모르겠어.

마 리: 정말 **갈수록 태산이구나**. 하지만 힘을 내. 하늘이 무너져도 솟아날 구멍이 있다고 하잖아.

다니엘: 고마워, 마리야. 내일부터 힘을 내서 새로운 직장을 알아봐야겠어.

✽ 갈수록 태산이다: 일이나 상황이 점점 커지거나 어려워진다.

활용예문

▶ 컴퓨터를 빌려 달라고 하더니 이제는 숙제까지 해 달라고요? **갈수록 태산이군요**.

▶ 가: 방 청소를 다 했으면 빨래하고 설거지도 좀 해 주세요.
   나: 뭐라고요? **갈수록 태산이라더니** 아침부터 지금까지 청소를 했는데 빨래와 설거지까지 하라고요?

새 어휘와 문형

☐ 우울하다　☐ 아무것　☐ 친하다　☐ 직장　☐ 게다가　☐ 집주인　☐ 집세
☐ 빌리다　☐ 갚다　☐ 태산　☐ 상황　☐ 빨래　☐ 설거지　☐ -(으)ㄹ수록

연습해요

다음 빈 칸에 알맞은 말을 넣어 대화를 완성하세요.

1 가: 여보, 큰아들 결혼 준비는 무슨 돈으로 하지요?
   나: _____이라고 막내 등록금도 겨우 구했는데 걱정이네요.

2 가: 이쪽 길이 아닌 것 같아요. 저쪽 길로 다시 돌아가야겠어요.
   나: 약속 시간이 다 되었는데 큰일이군요. 게다가 차에 기름도 거의 없어요.
   _____.

3 가: _____.
   나: 갈수록 태산이군요.

한 걸음 더

▶ 산 넘어 산이다(=)

▶ 태산 //
  • 할 일이 태산이다: 일이 산처럼 많다.
    예) 할 일이 태산 같이 많아서 주말에도 못 쉬어요.
  • 걱정이 태산이다: 걱정이 산처럼 많다.
    예) 걱정이 태산이라서 잠도 안 와요.

함께해요

다음을 보고 점점 더 나빠지는 우리의 환경에 대해서 이야기해 봅시다.

1 여러분 나라의 환경 문제는 무엇입니까?

2 여러분이 생각하는 가장 심각한 환경 문제는 무엇입니까? 순서대로 번호를 써 봅시다.

_____	강과 호수, 바다가 더러워지고 있다.
_____	공기가 나빠지고 있다.
_____	지구의 온도가 점점 높아지고 있다.
_____	오존층(ozone layer)이 파괴되고 있다.
_____	숲이 사라지고 있다.
_____	쓰레기가 갈수록 많아진다.

3 100년 후 지구의 환경은 어떻게 달라질까요?

24 옷이 날개다

대화

> 한복을 입은 신부의 모습이 얼마나 아름답던지 처음에는 언니인 줄 몰랐어.

> 맞아, 옷이 날개라더니 고운 한복을 입은 언니가 선녀처럼 예뻤어.

지 우: 요코, 우리 언니 결혼식에 와 줘서 고마웠어.

요 코: 고맙기는. 네 언니 결혼식인데 당연히 가야지.

지 우: 그렇게 말해 주니까 더 고마운 걸. 그런데 전통 결혼식 어땠어? 전에도 본 적이 있어?

요 코: 한국 전통 결혼식은 어제 처음 봤어. 아주 좋은 경험이었어. 한복을 입은 신부의 모습이 얼마나 아름답던지 처음에는 언니인 줄 몰랐어.

지 우: 정말? 언니가 이 말을 들으면 아주 기뻐하겠네. **옷이 날개라더니** 고운 한복을 입은 언니가 선녀처럼 예뻐 보였구나.

요 코: 언니 결혼식 보면서 나도 한복을 입고 결혼하고 싶다는 생각이 들었어.

지 우: 그럼, 너 꼭 한국 남자와 결혼해야겠네.

✻ 옷이 날개다: 좋은 옷을 입으면 날개가 없는 사람도 마치 날개가 있는 것처럼 멋있고 아름다워 보인다.

활용예문

▶ **옷이 날개라고** 요즘 기업들이 직원들의 유니폼을 바꾸어 소비자들에게 좋은 인상을 주려고 한다.

▶ 가: **옷이 날개라더니** 매일 청바지 입은 모습만 보다가 이렇게 정장 입은 모습을 보니 정말 멋있구나!
나: 정말요? 선을 보러 간다고 신경 좀 썼어요.

새 어휘와 문형

☐ 당연히 ☐ 전통 ☐ 모습 ☐ 날개 ☐ 선녀 ☐ 한복 ☐ 기업 ☐ 직원
☐ 유니폼 ☐ 소비자 ☐ 인상 ☐ 정장 ☐ 선 ☐ 얼마나 –던지

연습해요

다음 빈 칸에 알맞은 말을 넣어 대화를 완성하세요.

1. 가: 오늘 영미가 분홍색 원피스 입고 온 거 봤어?

   나: 응, _____더니 매일 바지와 티셔츠를 입고 다니던 영미가 분홍색 원피스를 입으니 정말 천사 같더라.

2. 가: _____더니 김준호 씨 오늘 정말 멋있어요. 무슨 일 있어요?

   나: 오늘 아주 중요한 파티가 있어서 신경을 좀 썼어요.

3. 가: 오늘 면접이지요? 그런데 민수 씨 너무 옷에만 신경 쓰는 거 아니에요?

   나: _____고 옷을 잘 입고 가면 면접관들에게 좋은 인상을 줄 수 있지 않을까요?

한 걸음 더

▶ 문화 엿보기

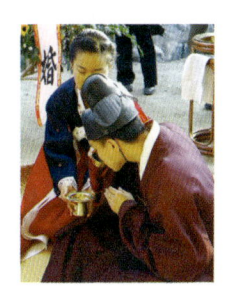

〈전통 결혼식〉

연습해요

여러분 나라의 전통 결혼식을 소개해 보세요.

결혼에 대해서 이야기해 봅시다.

1 여러분 나라에서는 결혼 준비를 어떻게 합니까?

	남자	여자
한국		
여러분 나라		

2 전통 결혼식과 현대 결혼식 중 어떤 결혼식을 하고 싶습니까?

3 어디에서 결혼식을 하고 싶습니까?

4 어디로 신혼여행을 가고 싶습니까?

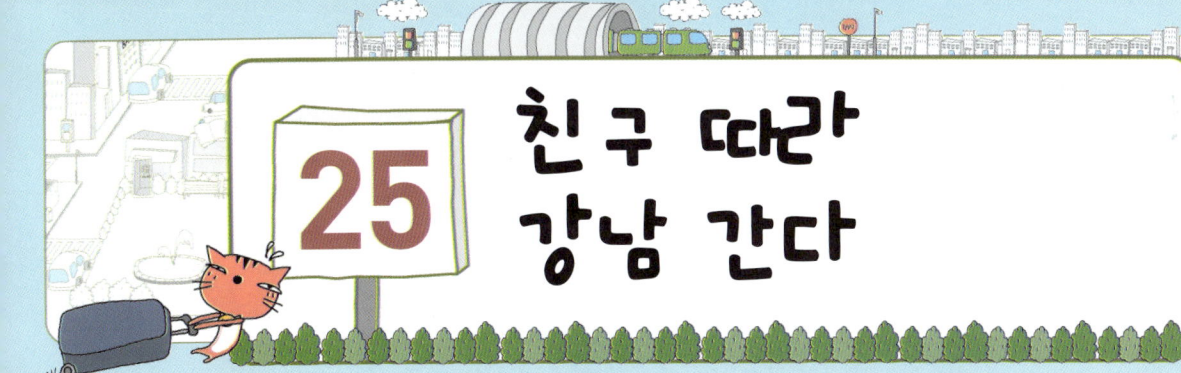

25 친구 따라 강남 간다

대화

> 친구가 한국으로 여행 간다고 해서 나도 따라왔어.
>
> 하하하, 친구 따라 강남 간다더니……

민 수: 요코, 이제 한국말을 정말 잘하네.

요 코: 아니야. 아직도 많이 부족해.

민 수: 우리가 처음 만났을 때는 인사 정도만 할 수 있었잖아. 그동안 열심히 공부했구나. 그런데 요코, 너는 어떻게 한국에 오게 되었어?

요 코: 사실 처음에는 다른 나라로 여행을 가려고 했는데 친구가 한국으로 여행 간다고 해서 나도 따라왔어.

민 수: 하하하, **친구 따라 강남 간다더니**…….

요 코: 그런데 와 보니까 음식도 맛있고 사람들도 아주 친절했어. 여행하면서 한국이 점점 좋아져서 한국어도 공부하게 되었지. 친구를 따라 한국에 오기를 정말 잘했다고 생각해.

민 수: 그럼 그 친구 덕분에 우리가 만나게 되었네.

✵ 친구 따라 강남 간다: 아무 생각 없이 남이 하는 것을 따라 한다.

활용예문

▶ **친구 따라 강남 간다고** 너는 친구 따라 유학 가니?

▶ 가: 친한 친구가 이 회사에서 일하고 있어서 저도 여기에 지원하게 되었습니다.

　나: **친구 따라 강남 간다더니**…….

새 어휘와 문형

☐ 부족하다　☐ 따라오다　☐ 따르다　☐ 강남　☐ 덕분에　☐ 지원　☐ 동기　☐ -게 되다

연습해요

다음 빈 칸에 알맞은 말을 넣어 대화를 완성하세요.

1 가: 난 내년에 군대에 가고 싶은데 민수가 올해 같이 가자고 해요.
   나: _____더니 군대도 같이 가니?

2 가: 내가 자주 가는 옷 가게가 있는데 예쁜 옷들을 싸게 살 수 있어. 같이 안 갈래?
   나: 오늘은 좀 피곤해서 집에서 쉬고 싶어. 내일 발표 준비도 해야 하고…….
   가: _____는 말도 있잖아. 내가 맛있는 떡볶이 사 줄 테니까 같이 가자.

3 가: 겨울방학에 뭐 할 거니?
   나: _____.
   가: 그럼, 친구 따라 강남 간다고 나도…….

> **한 걸음 더**
>
> ▶ 거름 지고 장에 간다(=)
> ▶ 친구는 옛 친구가 좋고 옷은 새 옷이 좋다(⇨) 물건은 새 것이 좋지만 친구는 오래 사귄 친구가 더 좋다.
> 예) 친구는 옛 친구가 좋고 옷은 새 옷이 좋은 것처럼 나에게는 언제나 나를 믿어 주고 힘이 되어 주는 오랜 친구가 있어요. 초등학교 다닐 때 만난 그 친구는 내가 말을 하지 않아도 내 마음을 잘 이해해 줘요.

함께해요

그림을 보고 마지막 이야기를 완성해 봅시다.

친구 따라 강남간다고 미나를 따라 방송국에 간 보미에게 무슨 일이 일어났을까요?

_____
_____

26 불난 집에 부채질한다

대화

> 주말에 설악산에 가요. 요즘 단풍이 아주 아름답다고 해요.
>
> 지금 불난 집에 부채질해요? 나는 주말에도 일해야 하는데……

지 우: 진수 씨, 이번 주말에 친구들과 제주도 여행 간다고 했지요?

진 수: 네, 그런데 갑자기 일이 많아져서 회사에 가야 해요. 그래서 저는 못 가게 되었어요.

지 우: 정말이에요? 제주도 간다고 무척 기뻐했잖아요.

진 수: 네, 너무 아쉬워요. 한 달 전부터 계획했었거든요.

지 우: 그래요? 나는 주말에 설악산에 가요. 지금쯤 단풍이 아주 아름다울 거예요. 사진 찍으면 정말 예쁘겠지요? 빨리 주말이 왔으면 좋겠어요.

진 수: 지우 씨, 혹시 **불난 집에 부채질하는** 거 아니지요?

지 우: 아, 미안해요. 그런 뜻으로 한 말이 아니에요. 다음에 제주도에 갈 기회가 있겠지요. 너무 실망하지 마세요.

✽ 불난 집에 부채질한다: ❶ 안 좋은 상황을 더 나쁘게 만든다. ❷ 화난 사람을 더 화나게 만든다.

활용예문

▶ **불난 집에 부채질 한다고** 지금 직장을 잃은 나에게 승진했다고 자랑하는 거예요?

▶ 가: 밸런타인데이라고 여자친구에게 초콜릿과 꽃을 선물 받았어.

　나: **불난 집에 부채질 하니**? 내가 얼마 전에 여자친구와 헤어진 걸 알면서…….

새 어휘와 문형

☐ 갑자기　☐ 단풍　☐ 설악산　☐ 부채질　☐ 실망　☐ 승진　☐ 자랑
☐ 헤어지다　☐ -(았/었)으면 좋겠다

연습해요

다음 빈 칸에 알맞은 말을 넣어 대화를 완성하세요.

1 가: 퍼머했어요? 나이 들어 보이는 것 같아요.

　나: 안 그래도 마음에 안 들어서 속상한데 지금 _____는 거예요?

2 가: 친구와 싸웠는데 선생님께서는 나만 야단치셨어.

　나: 당연하지. 네가 먼저 잘못했잖아.

　가: _____고 너까지 왜 그래?

3 가: _____.

　나: 지금 불난 집에 부채질 하는 거예요?

한 걸음 더

▶ 불난 데 기름 붓는다(=)
▶ 강 건너 불구경하듯 한다(⇨) 자기와는 상관없는 일이라고 남의 일에 너무 무관심하다.
　예) 진수 씨는 회사에 중요한 일이 있는데도 강 건너 불구경하듯 한다.
▶ 가랑잎에 불 붙듯 한다(⇨) 성격이 매우 급하고 화를 잘 낸다.
　예) 사장님 성격이 가랑잎에 불 붙듯 해서 이 일을 빨리 끝내지 않으면 또 화내실 거예요.
▶ 문화 엿보기

〈한국의 부채〉

〈합죽선〉　　〈태극선〉　　〈선〉

114_

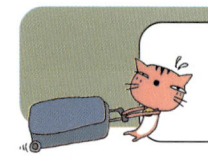

함께해요

다음 그림을 완성해 보세요.

1 식당 주인은 왜 화가 났을까요?

2 남자는 왜 화가 났을까요?

27 떡 줄 사람은 생각도 않는데 김칫국부터 마신다

대화

나 영: 오늘이 옆집 아이의 돌잔치라고 해요.
다니엘: 돌잔치가 뭐예요?
나 영: 아이의 첫 번째 생일을 축하하는 잔치예요.
다니엘: 그렇군요. 그럼, 보통 생일처럼 케이크를 먹나요?
나 영: 케이크를 먹기도 하지만 수수팥떡을 해서 이웃 사람들과 나누어 먹어요.
다니엘: 수수팥떡은 한 번도 먹어 본 적이 없는데 오늘 수수팥떡을 먹어 보겠군요. 미리 접시랑 음료수를 준비해 놓읍시다.
나 영: 하하하 다니엘 씨, **떡 줄 사람은 생각도 않는데 김칫국부터 마시지** 마세요.

✼ 떡 줄 사람은 생각도 않는데 김칫국부터 마신다: 해 줄 사람은 생각하지도 않는데 일이 다 된 것처럼 생각하고 기대한다.

활용예문

▶ 영수가 만나자고 해서 나에게 관심이 있는 줄 알고 기뻐했는데 그게 아니었어요. **떡 줄 사람은 생각도 않는데 나 혼자 김칫국부터 마셨어요.**

▶ 가: 이번 일이 끝나면 회사에서 보너스가 나오겠지요?
  나: **김칫국부터 마시지** 말고 열심히 일이나 합시다.

새 어휘와 문형

☐ 돌잔치　☐ 주로　☐ 수수팥떡　☐ 접시　☐ 음료수　☐ 김칫국　☐ 기대하다
☐ 보너스　☐ -(으)ㄴ 적이 없다

연습해요

다음 빈 칸에 알맞은 말을 넣어 대화를 완성하세요.

1. 가: 이 꽃 나한테 주려고 산 거야? 고맙지만 받을 수 없어. 난 남자 친구가 있거든.
   나: _____더니 이 꽃 너 주려고 산 거 아니야.

2. 가: 복권을 샀는데 당첨되면 먼저 큰 집과 고급 차를 살 거예요. 그리고 세계 일주도 할 거예요.
   나: _____지 마세요. 당첨 확률이 1%도 안 돼요.

3. 가: _____.
   나: 떡 줄 사람은 생각도 않는데 김칫국부터 마시는군요.

한 걸음 더

▶ 문화 엿보기

〈김칫국〉

떡은 소화가 잘 안 되는 음식이다. 그래서 떡을 먹기 전에 먼저 물이나 국을 마시는 것이 좋다. 옛날에 가장 흔한 것이 김치였는데 김치의 국물인 김칫국은 떡이 소화되는 것을 도와주기 때문에 떡을 먹을 때 함께 먹었다.

함께해요

돌잔치 때 아이의 돌상에 여러 가지 물건을 놓아둡니다. 아이가 제일 먼저 잡는 물건을 보고 아이의 장래를 추측해 보는 것을 돌잡이라고 합니다.

1 돌잡이로 놓인 물건에는 무슨 뜻이 있을까요?

이것을 잡으면?	
놓는 물건	의미
연필, 책	공부를 잘한다.
국수, 실	오래 산다.
돈, 쌀	돈을 많이 번다.
대추	커서 아이를 많이 낳는다.

2 여러분은 아이의 돌잡이 물건으로 무엇을 놓고 싶어요? 왜 그 물건을 놓고 싶은지 이유를 써 보세요.

이것을 잡아라!	
놓는 물건	의미
마이크	가수가 되어라.
골프공	유명한 골프 선수가 되어라.

28 시작이 반이다

대화

> 이 많은 짐을 언제 다 싸지요?

> 시작이 반이라고 지금부터 짐을 싸면 금방 끝낼 수 있을 거예요.

민 수: 마리 씨, 지난 주말에 바빴어요? 몇 번이나 전화 했는데 안 받던데요.
마 리: 이사할 집을 구하느라 좀 바빴어요.
민 수: 그래요? 마음에 드는 집을 구했어요?
마 리: 네, 집이 넓고 밝은 데다가 지하철역과도 가까워서 정말 마음에 들어요.
민 수: 잘됐군요. 그럼 이사는 언제 하기로 했어요?
마 리: 이번 주말에 할 거예요. 그런데 이삿짐이 너무 많아서 언제 다 쌀지 걱정이에요.
민 수: **시작이 반이라는** 말도 있잖아요. 일단 시작하면 금방 끝낼 수 있을 거예요. 나도 도와줄 테니까 너무 걱정하지 마세요.

✽ 시작이 반이다: ❶ 모든 일은 시작이 중요하다.
❷ 일을 시작하는 것은 어렵지만 일단 시작하면 이미 반은 한 것과 같다.

활용예문

▶ **시작이 반이라고** 계획을 잘 세우면 여행의 반은 성공한 것과 같다.
▶ 가: 지금 공부를 시작해서 한국어 능력시험에 합격할 수 있을까요?
  나: **시작이 반이라는** 말도 있잖아요. 지금부터 시작해도 충분히 시험에 합격할 수 있을 거예요.

새 어휘와 문형

☐ 이사 ☐ 마음에 들다 ☐ 이삿짐 ☐ 싸다 ☐ 일단 ☐ 충분히
☐ -느라고 ☐ -(으)ㄴ/는데다가 ☐ -(으)ㄹ지 걱정이다

연습해요

다음 빈 칸에 알맞은 말을 넣어 대화를 완성하세요.

1. 가: 일본어를 배워야 하는데 잘할 수 있을지 모르겠어요.
   나: _____이라고 하잖아. 일단 시작해 봐.

2. 가: 할 일이 너무 많아서 무엇부터 해야 할지 모르겠어요.
   나: _____이라잖아요. 우선, 하기 쉬운 일부터 찾아서 해 보세요.

3. 가: _____.
   나: 시작이 반이라고 하잖아요. 일단 시작해 보세요.

한 걸음 더

▶ 천 리 길도 한 걸음부터(=)

▶ 문화 엿보기

〈집 구하기〉

① 월세
원룸 33m²
보증금 200만 원
월 30만 원

② 전세
아파트 66m²
6천만 원

③ 매매
아파트 82.5m²
2억 5천만 원

월세: 달마다 돈을 내고 빌려서 산다.
전세: 집 주인에게 일정한 돈을 맡기고 집이나 방을 계약 기간 동안 빌려 쓴다. 그 집을 나올 때는 맡긴 돈의 전부를 돌려받는다.
매매: 집을 사고 판다.

함께해요

> 여러분은 세계 여행을 가려고 합니다. 시작이 반이라고 계획을 잘 세우면 여행의 반은 성공한 것과 같습니다. 여행 계획을 세워 봅시다.

영국, 독일, 대한민국(한국), 프랑스, 러시아, 캐나다, 이탈리아, 중국, 일본, 미국, 아프리카, 대만, 홍콩, 필리핀, 멕시코, 태국, 말레이시아, 싱가포르, 호주, 남아메리카, 인도네시아

가고 싶은 곳	출발 → ( ) → ( ) → ( ) ( ) → ( ) → ( ) ( ) → ( ) → ( ) → 도착
날짜	출발일: 도착일:
준비물	
여행 중에 하고 싶은 일	
기타	

29 미운 놈 떡 하나 더 준다

대화

> 옆집에서는 우리 집에 한 번도 음식을 갖고 온 적이 없는데 왜 우리만 계속 갖다 줘요?

> 옛말에 미운 놈 떡 하나 더 준다는 말이 있잖아.

엄 마: 나영아, 이 음식 옆집에 갖다 주고 오겠니?

나 영: 엄마, 옆집에서는 우리 집에 한 번도 음식을 갖고 온 적이 없는데 왜 우리만 계속 갖다 줘요? 며칠 전에도 옆집에서 돌잔치를 했지만 음식을 나누어 주지 않았잖아요.

엄 마: **미운 놈 떡 하나 더 준다는** 말이 있어. 옆집에서 우리에게 그렇게 한다고 해서 우리도 똑같이 하면 되겠니? 우리가 인정을 베풀다 보면 옆집에서도 인정이 무엇인지 알게 되겠지. 그러면 결국 좋은 이웃이 될 수 있는 거야. 알겠니?

나 영: 네, 알겠어요. 갖다 주고 올게요.

✻ 미운 놈 떡 하나 더 준다: 미운 사람일수록 더욱 더 잘 대해 줘서 좋은 감정을 갖도록 해야 한다.

활용예문

▶ 그 친구가 아무리 싫어도 잘 대해 줘. **미운 놈 떡 하나 더 준다는** 말도 있잖아.

▶ 가: 너, 문영 씨 때문에 고생 많이 했잖아. 그런데 커피는 왜 사 주니?
　나: **미운 놈 떡 하나 더 준다는** 심정으로 그런 거야.

새 어휘와 문형

☐ 밉다　☐ 놈　☐ 똑같다　☐ 인정　☐ 베풀다　☐ 대하다　☐ 감정
☐ 고생　☐ 심정

연습해요

다음 빈 칸에 알맞은 말을 넣어 대화를 완성하세요.

1 가: 우리 팀에 새로 들어온 사원이 너무 싫어. 게으른 데다가 예의가 없어.
  나: 네가 참아. _____.

2 가: 요즘 학생 한 명이 수업에도 잘 안 나오고 말도 안 들어서 너무 화가 나요.
  나: 박 선생님, 그럴수록 그 학생에게 더 잘해 주는 게 어떨까요?
  _____는 말이 있잖아요.

3 가: _____.
  나: 미운 놈 떡 하나 더 준다는 마음으로 용서해 줘.

한 걸음 더

▶ 굿이나 보고 떡이나 먹으면 된다(⇨) 남의 일에 간섭하지 말고 보고만 있다가 이익이나 얻으면 된다.
  예) 우리는 이번 일에 나서지 말고 굿이나 보고 떡이나 먹자.
▶ 떡 본 김에 제사 지낸다(⇨) 우연히 생긴 좋은 기회에 평소에 하려던 일을 한다.
  예) 일 때문에 제주도에 온 유타 씨는 떡 본 김에 제사 지낸다고 며칠 동안 관광도 했다.

함께해요

미운 놈 떡 하나 더 준다는 속담을 배웠습니다. 다음 상황에서 여러분은 이 속담을 어떻게 실천하겠습니까?

(왜 매일 우리 집 앞에 주차하는 거야?)	매일 우리 집 앞에 주차하는 남자가 밉지만 미운 놈 떡 하나 더 준다고 _____ _____
 (계산 안 하려고 저러는구나.)	항상 돈을 안 내려고 신발 끈을 묶는 척하는 후배가 밉지만 미운 놈 떡 하나 더 준다는 마음으로 _____ _____
 (또 우리 아이를 때렸어?)	툭하면 우리 아이를 때리는 옆집 아이가 너무 밉지만 미운 놈 떡 하나 더 준다고 _____ _____
여러분은 미워하는 사람이 있습니까? 그 이유는 무엇입니까? _____ _____ _____	_____ _____ _____

30 우물을 파도 한 우물을 파라

128_

대화

(말풍선) 나 요즘 일본어랑 중국어를 배우고 있어.

(말풍선) 외국어를 배우는 건 좋지만 우물을 파도 한 우물을 파라고 했는데…….

에 릭: 마리, 요즘 한국어 공부 열심히 하고 있어? 시험에 합격하려면 아주 열심히 공부해야 할 텐데…….

마 리: 열심히 하고 있으니까 걱정하지 마. 참, 나 어제부터 왕량한테 중국어를 배우기 시작했어.

에 릭: 그래? 너, 저번에는 일본어 공부를 한다고 했잖아. 한국어 문법과 일본어 문법이 비슷해서 공부하기 쉬울 거라면서.

마 리: 맞아. 일주일에 한 시간씩 요코에게 배우고 있어. 그런데 생각보다 어려운 것 같아.

에 릭: 외국어를 배우는 건 좋지만 한꺼번에 너무 많이 하는 거 아니야? **우물을 파도 한 우물을 파라**고 했는데 그러다가 한국어 시험에서 떨어지면 어떡할 거야?

마 리: 괜찮아. 떨어지면 내년에 또 보면 되지 뭐.

✱ 우물을 파도 한 우물을 파라: 한 가지 일을 끝까지 해야 성공할 수 있다.

활용예문

▶ **우물을 파도 한 우물을 파라는** 말처럼 어릴 때부터 꾸준히 피아노를 친 영미는 훌륭한 피아니스트가 되었다.

▶ 가: 나는 하는 일마다 실패해요. 나: **한 우물을 파야 하는데** 일을 너무 자주 바꾸니까 그렇지요.

새 어휘와 문형

☐ 한꺼번에 ☐ 파다 ☐ 성공하다 ☐ 꾸준히 ☐ 훌륭하다 ☐ 실패하다 ☐ -마다

연습해요

다음 빈 칸에 알맞은 말을 넣어 대화를 완성하세요.

1 가: 식당이 잘 안 되는데 메뉴를 바꿔 볼까요?
  나: _____고 했어요. 메뉴는 그냥 두고 다른 문제점을 찾아보는 게 좋겠어요.

2 가: 어릴 때부터 그림 그리기를 좋아해서 계속 그림을 그렸어요.
  나: _____라는 말처럼 꾸준히 해서 이렇게 훌륭한 화가가 되셨군요.

3 가: _____.
  나: 그러니까 우물을 파도 한 우물을 파라는 말이 있잖아요

한 걸음 더

▶ 낙숫물이 바위를 뚫는다(=)

▶ 파다 ✏
 • 우리는 땅을 파서 보물들을 묻었다.
 • 학교 앞 가게에서 도장을 팠어요.
 • 도서관에서 책만 파던 사람이 장사를 잘 할 수 있을까요?

함께해요

'우물을 파도 한 우물을 파라'는 속담에 대한 수민의 생각입니다. 여러분은 어떻게 생각합니까?

〈수민의 생각〉

> 요즘 같이 능력을 중요하게 생각하는 시대에 한 우물만 파서는 성공하기가 어렵다고 생각합니다. 예를 들어 연예인들 중에서도 여러 가지 일을 하는 사람들이 점점 많아지고 있습니다. 원래 직업은 가수이지만 라디오 방송을 하거나 영화를 찍거나 드라마에 출연하기도 합니다. 그렇게 해서 더 많은 인기를 얻고 오랫동안 활동합니다. 사람의 능력은 무한하다고 생각합니다. 자신이 발견하지 못한 능력이 분명히 있을 겁니다. 그런 자신의 새로운 능력을 발견하기 위해서는 다양한 일에 도전해 봐야 한다고 생각합니다.

〈여러분의 생각〉

〈찬성〉	〈반대〉

31 백지장도 맞들면 낫다

대화

> 민수 집에 가서 눈 치우는 걸 도와주자.
>
> 그래, 백지장도 맞들면 낫다고 하잖아.

왕 량: 방학인데 뭐 할 거야? 특별한 계획이 없으면 민수하고 일요일에 스키장 가는 게 어때?
나 영: 아직 소식 못 들었어? 이번 폭설로 민수 집이 피해를 많이 입었대.
왕 량: 정말이야? 그래서 요즘 민수한테서 연락이 없구나.
나 영: 지금도 눈을 치우느라 고생하고 있을 거야. 우리가 민수를 위해 할 수 있는 일이 없을까?
왕 량: 내일 당장 민수 집에 가서 같이 눈을 치워 주는 건 어때?
나 영: 그래, 좋은 생각이야. **백지장도 맞들면 낫다고** 하잖아.
왕 량: 여럿이 도와주면 훨씬 더 좋겠지? 내가 다른 친구들에게도 연락해 볼게.

✽ 백지장도 맞들면 낫다: 무슨 일이라도 서로 힘을 합하면 더 쉽다.

활용예문

▶ **백지장도 맞들면 낫다고** 무거운 짐을 같이 드니까 훨씬 가벼운데요.
▶ 가: 이 수학 문제는 너무 어려워서 못 풀겠어요.
   나: 어디 좀 봐요. **백지장도 맞들면 낫다고** 같이 풀어 봅시다.

새 어휘와 문형

□ 소식   □ 폭설   □ 입다   □ 연락   □ 치우다   □ 당장   □ 백지장
□ 맞들다 □ 낫다   □ 여럿   □ 합하다

연습해요

다음 빈 칸에 알맞은 말을 넣어 대화를 완성하세요.

1 가: 요즘 직장에 다니면서 집안일 하기가 힘들지요?

　나: 아니요. _____고 남편이 집안일을 많이 도와줘서 덜 힘들어요.

2 가: 유학 생활이 너무 힘들어요.

　나: 저도 그래요. 유학생 모임을 만들어서 서로 도움을 주는 게 어때요? _____고 하잖아요.

3 가: _____.

　나: 백지장도 맞들면 낫다는 말이 맞네요.

한 걸음 더

▶ 얼굴이 백지장 같다(⇨) 놀라거나 아파서 창백하다.
　예) 어디 아파요? 얼굴이 백지장 같아요.

▶ 낫다
　• 이 약을 먹고 병이 나았어요.
　• 집보다 더 나은 곳은 없어요.
　• 저는 듣기보다 말하기가 더 나아요.

함께해요

백지장도 맞들면 낫다고 합니다. 다음과 같은 어려운 상황에 있는 사람을 어떻게 도와주면 좋겠습니까?

1. 길에서 한 남자가 나쁜 사람에게 괴롭힘을 당하고 있다.
   _____
   _____
   _____

2. 아버지의 치킨 가게 바로 옆에 새로운 치킨 가게가 생겨서 장사가 안된다.
   _____
   _____
   _____

3. 용기가 없어 좋아하는 여자에게 고백하지 못하고 있는 친구가 있다.
   _____
   _____
   _____

32 꿩 먹고 알 먹기

136_

대화

> 라디오 방송에 내 사연이 소개되었어요. 그리고 선물도 받았어요.
>
> 축하해요. 이런 경우가 바로 꿩 먹고 알 먹기지요?

지 우: 다니엘 씨, 축하해 주세요.
다니엘: 무슨 일이에요? 좋은 일 있어요?
지 우: 네, 며칠 전에 내가 라디오 방송에 편지를 써서 보냈거든요. 그런데 내 편지가 뽑혀서 방송되었어요.
다니엘: 그래요? 정말 축하해요.
지 우: 그뿐만이 아니라 선물로 전자사전도 받았어요.
다니엘: 라디오 방송에 사연도 소개되고, 전자사전도 받고 **정말 꿩 먹고 알 먹기네요**. 그런데 편지 내용이 뭐였어요?
지 우: 다니엘 씨의 한국 생활에 대한 내용이었어요.
다니엘: 정말이에요? 그럼 그 선물은 내가 받아야 하는 거 아니에요?

✲ 꿩 먹고 알 먹기: 한 가지 일을 하고 두 가지 이상의 이익을 얻는다.

활용예문

▶ 운동을 하면 살도 빠지고 건강에도 좋고 **꿩 먹고 알 먹기** 아니에요?
▶ 가: 한국에 가서 한국어를 배우면서 일본어를 가르치고 싶어요.
　나: 공부도 하고 돈도 벌고 정말 **꿩 먹고 알 먹기네요**.

새 어휘와 문형

☐ 뽑히다　☐ 방송되다　☐ 전자사전　☐ 사연　☐ 꿩　☐ 알　☐ 내용
☐ 이익　☐ 살　☐ 빠지다　☐ -뿐(만) 아니라

연습해요

다음 빈 칸에 알맞은 말을 넣어 대화를 완성하세요.

1 가: 모두 얼마예요?

나: 2만 원인데 개업 기념으로 50% 할인해서 만 원입니다. 그리고 이건 기념 선물입니다.

가: 고맙습니다. 맛있는 음식도 싸게 먹고 선물도 받고 _____네요.

2 가: 오늘 헌혈을 하고 도서 상품권을 받았어.

나: 그래? 좋은 일도 하고 도서 상품권도 받고 정말 _____네.

3 가: _____.

나: 꿩 먹고 알 먹기군요.

한 걸음 더

▶ 도랑치고 가재 잡는다(=)

▶ 누이 좋고 매부 좋다(=)

▶ 꿩 대신 닭(⇨) 적당한 것이 없으면 비슷한 것으로 대신한다.
　예) 가: 어떡하지? 스파게티 면을 안 사왔어.
　　　나: 그럼, 꿩 대신 닭이라고 라면으로 스파게티를 만들어 먹자.

함께해요

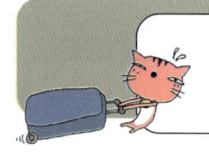

'꿩 먹고 알 먹기'를 사용하여 말해 봅시다.

1 주말에 여러분은 친구와 함께 놀러 가기로 했습니다. 산과 바다 중 어디로 가면 좋을까요?

산이 좋은 이유
- _____
- _____

바다가 좋은 이유
- _____
- _____

2 취미로 새로운 것을 배우려고 합니다. 요리와 노래 중에서 무엇을 배우면 좋을까요?

요리 배우는 것이 좋은 이유
- _____
- _____

노래 배우는 것이 좋은 이유
- _____
- _____

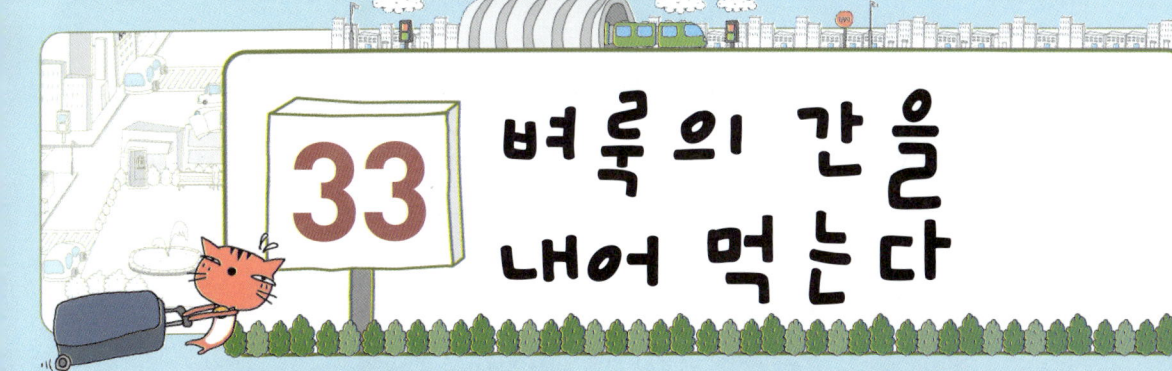

33 벼룩의 간을 내어 먹는다

대화

> 옆집에 도둑이 들었대요.
>
> 벼룩의 간을 내어 먹지, 그 집에 가져갈 게 뭐가 있다고……

지 우: 골목 입구에 경찰이 와 있던데 무슨 일이에요?
다니엘: 어젯밤에 도둑이 들었대요.
지 우: 또요? 이번에는 누구집이래요?
다니엘: 바로 옆집이래요.
지 우: 뭐라고요? 그 집에는 할머니하고 손자가 둘이서 힘들게 살고 있잖아요. **벼룩의 간을 내어 먹지**, 그 집에 가져갈 게 뭐가 있다고…….
다니엘: 손자 대학 등록금으로 마련해 둔 돈을 훔쳐 갔대요. 할머니께서 어렵게 마련하신 돈인데 큰일이군요.
지 우: 정말 안됐어요. 도둑을 꼭 잡아야 할 텐데요.

✻ 벼룩의 간을 내어 먹는다: 경제적으로 매우 어려운 처지에 있는 사람의 것을 빼앗는다.

활용예문

▶ **벼룩의 간을 내어 먹지**, 너는 어떻게 동생 사탕을 뺏어 먹니?
▶ 가: 조금만 깎아 주세요.
　나: 네? **벼룩의 간을 내어 먹지**, 콩나물 천 원어치를 사면서 깎아 달라고요?

새 어휘와 문형

□ 골목	□ 입구	□ 손자	□ 벼룩	□ 간	□ 내다	□ 등록금
□ 마련하다	□ 훔치다	□ 안되다	□ 처지	□ 경제적	□ 빼앗다	□ 깎다
□ -어치	□ -던데	□ -아/어 두다				

연습해요

다음 빈 칸에 알맞은 말을 넣어 대화를 완성하세요.

1 가: 돈 있으면 좀 빌려 줄래?
　　나: 집에 갈 차비밖에 없는데 이거라도 빌려 줄까?
　　가: _____지, 그 돈은 못 빌리겠다.

2 가: 버스비가 다음달부터 오른대요.
　　나: 지하철 요금도 올랐잖아요. _____
　　　　더니 기름 값을 아끼려고 대중교통을 이용하는데 정말 너무하네요.

3 가: _____.
　　나: 벼룩의 간을 내어 먹는군요.

한 걸음 더

▶ 벼룩도 낯짝이 있다(⇨) 아주 뻔뻔스러운 사람도 양심은 있다.
　예) 벼룩도 낯짝이 있지. 당신이 매일 청소했으니 오늘은 내가 할게요.
▶ 간에 붙었다 쓸개에 붙었다 한다(⇨) 조금이라도 자신에게 이로운 쪽으로 간다.
　예) 지난주까지 김 과장님만 따라다니던 박 대리가 승진을 앞두고 인사과 최 과장님에게 잘 보이려고 애쓰는 것 같아요. 승진하려고 간에 붙었다 쓸개에 붙었다 하네요.

함께해요

신문 기사를 만들어 봅시다.

벼룩의 간을 내어 먹지…….
양로원 열흘 동안 4곳 도둑 들어

요즈음 양로원 등 복지 시설만 골라서 돈을 훔치는 도둑이 많다. 지난 4일 밤 40대 남자 2명이 유리창을 깨고 양로원 사무실에 들어가 책상 서랍에 있던 현금 35만 원을 훔쳐 달아났다. 지난달 28일 밤에도 시내에 있는 양로원에 도둑이 들어 130만 원을 훔쳐 갔다. 경찰은 양로원 주변의 순찰을 더욱 강화하기로 했다.

〈○○일보 2006-01-13〉

벼룩의 간을 내어 먹지…….
얼마나 힘들게 번 돈인데!

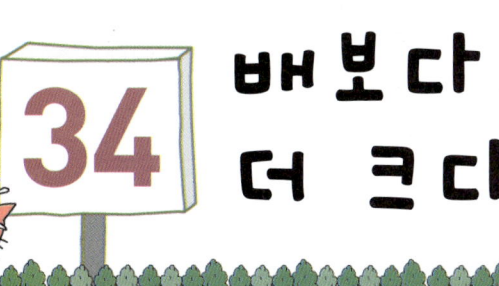

34 배보다 배꼽이 더 크다

대화

(말풍선) 배송비가 선물 값의 두 배나 들었어요.
(말풍선) 배보다 배꼽이 더 크군요.

요 코: 다음 달이 에릭 씨 어머니 생신이라고 들었는데 선물 샀어요?
에 릭: 네, 한국 전통 탈을 샀어요. 어머니께서 한국의 전통 문화를 좋아하시니까 선물을 받으시면 분명히 기뻐하실 거예요.
요 코: 선물을 미국으로 보냈어요?
에 릭: 네, 그런데 배송비가 너무 비싸서 놀랐어요.
요 코: 얼마나 들었는데요?
에 릭: 배송비가 선물 값의 거의 두 배나 들었어요. 선물 값은 16,000원인데 배송비는 30,000원이었거든요.
요 코: 어머, 정말 **배보다 배꼽이 더 크군요**.

✽ 배보다 배꼽이 더 크다: 작아야 할 것이 크거나 적어야 할 것이 많다.

활용예문

▶ 중고차를 샀는데 **배보다 배꼽이 더 크다고** 수리비가 더 들었어요.
▶ 가: 프린터 가격은 20만 원 정도 하는데 1년 동안 사용하는 잉크 값은 40만 원이래요.
　나: 정말 **배보다 배꼽이 더 크네요**.

새 어휘와 문형

☐ 탈　☐ 배송비　☐ 놀라다　☐ 값　☐ 거의　☐ 들다　☐ 배꼽
☐ 중고차　☐ 수리비　☐ 프린터　☐ 잉크

연습해요

다음 빈 칸에 알맞은 말을 넣어 대화를 완성하세요.

1 가: 빌린 돈을 빨리 갚지 못해서 이자가 원금보다 더 많아졌어요.

　나: _____군요.

2 가: 점심 값은 3,000원이었는데 후식으로 마신 커피는 5,000원이었어요.

　나: _____네요.

3 가: _____.

　나: 배보다 배꼽이 더 크네요.

한 걸음 더

▶ 발보다 발가락이 더 크다(=)
▶ 바늘보다 실이 굵다(=)
▶ 사촌이 땅을 사면 배가 아프다(⇨) 남이 잘되는 것을 기뻐해 주지는 않고 오히려 질투하고 시기한다.
　예) 사촌이 땅을 사면 배가 아프다고 친한 친구가 승진했다는 소식을 듣고 질투가 났다.

함께해요

🐥 그림을 보고 '배보다 배꼽이 더 크다'를 사용해서 문장을 만들어 봅시다.

보기

시장에서 오천 원짜리 바지를 하나 샀어요. 그런데 배보다 배꼽이 더 크다고 허리하고 길이를 줄이는 데 육천 원이나 들었어요.

"6000원입니다."

"포장비 20000원입니다."
"선물 값은 15000원인데……."

🐥 여러분이 경험한 배보다 배꼽이 더 큰 상황은 무엇입니까?

35 입에 쓴 약이 몸에 좋다

대화

> 보약은 너무 써서 먹고 싶지 않아요.
>
> 입에 쓴 약이 몸에 좋다고 하잖아.

어머니: 지우야, 오늘 안색이 안 좋구나. 어디 아프니?

지 우: 아니에요, 그냥 좀 피곤해서 그래요. 요즘 회사일로 바빠서 잠을 잘 못 잤거든요. 특별히 아픈 데는 없으니까 걱정하지 마세요.

어머니: 일을 너무 많이 하는 거 아니니? 건강은 건강할 때 지켜야 해. 너도 오빠처럼 보약을 좀 먹는 게 좋겠어.

지 우: 저 정말 괜찮아요. 이번 일 끝내고 며칠 쉬면 좋아질 거예요. 그리고 보약은 너무 써요. 생각만 해도 싫어요.

어머니: **입에 쓴 약이 몸에 좋은** 법이야. 네 오빠도 몸이 많이 약했는데 보약을 먹고 좋아졌잖아.

지 우: 저 보기보다 아주 건강해요.

어머니: 그러지 말고 지금 한의원에 가 보자.

※ 입에 쓴 약이 몸에 좋다: ❶ 입에는 쓰지만 먹으면 몸에 좋다. ❷ 충고는 듣기 싫지만 도움이 된다.

활용예문

▶ **입에 쓴 약이 몸에 좋다고** 이 채소가 좀 쓰기는 하지만 건강에 좋으니까 먹어 봐.

▶ 지금은 주위 사람들의 충고가 듣기 싫겠지만 **입에 쓴 약이 몸에 좋다고** 나중에 민수 씨에게 큰 도움이 될 거예요.

새 어휘와 문형

☐ 안색 ☐ 특별히 ☐ 보약 ☐ 쓰다 ☐ 한의원 ☐ 충고 ☐ -(으)ㄴ/는 법이다

연습해요

다음 빈 칸에 알맞은 말을 넣어 대화를 완성하세요.

1 가: 나는 채소를 정말 싫어하는데 아침마다 어머니께서 채소 주스를 만들어 주세요. 억지로 마시기는 하는데 너무 힘들어요.

　나: 매일 아침 채소 주스를 마셔요? 그래서 요즘 얼굴이 좋아 보이는군요. _____더니 역시…….

2 가: 나는 열심히 준비해서 발표했는데 선생님은 칭찬은커녕 문제점만 지적해 주셨어요.

　나: 너무 속상해 하지 마세요. _____고 다음 발표 때 더 잘하라는 뜻에서 그랬을 거예요.

3 가: _____.

　나: 입에 쓴 약이 몸에 좋다고 하잖아요.

한 걸음 더

▶ 달면 삼키고 쓰면 뱉는다(⇨) 도움이 되면 찾고 도움이 안되면 버린다.
　예) 달면 삼키고 쓰면 뱉는다고 하더니 내가 잘 살 때는 친구들이 많았는데 생활이 어려워지니까 모두 연락을 끊었다.

▶ 문화 엿보기

〈보약〉
보약은 몸이 약하거나 병이 잘 생기는 사람들이 건강을 위해서 먹는 약이지만 아프지 않은 사람들도 건강을 유지하기 위해 먹는다.

함께해요

다음을 보고 이야기해 봅시다.

1 다음에서 여러분이 싫어하는 음식은 무엇입니까?

| ❶ 마늘 | ❷ 콩 | ❸ 고등어 | ❹ 호두 | ❺ 파 |
| ❻ 보리 | ❼ 버섯 | ❽ 달걀 | ❾ 당근 | ❿ 고추 |

2 싫어하는 음식이 우리의 몸에 어떻게 좋은지 알아봅시다.

마늘 암을 예방하는 데 좋다.	콩 당뇨병 예방에 좋다. 우리 몸에 꼭 필요한 영양소를 가지고 있다.
고등어 우리의 심장과 혈관을 튼튼하게 해 준다.	호두 늙는 것을 방지하여 준다.
파 위의 기능을 도와준다. 감기에도 좋다.	보리 몸에 힘을 준다.
버섯 칼로리가 매우 낮고 몸에 좋은 영양소를 모두 가지고 있어서 다이어트에 좋다.	달걀 머리가 좋아지고 기억력도 좋아진다.
당근 눈의 피로를 풀어주고 피부 미용에 좋다.	고추 면역력을 강하게 해주어 감기와 같은 병에 쉽게 걸리지 않게 해 준다.

36 윗물이 맑아야 아랫물이 맑다

대화

> 그동안 회사일로 바빠서 어머니께 너무 무심했던 것 같아요.
>
> 아이들이 우리를 보고 배울 텐데 부모님께 더 잘해 드려야겠어요. 윗물이 맑아야 아랫물이 맑다고 하잖아요.

아 내: 여보, 오늘이 어머니 생신인데 전화했어요?

남 편: 참, 내가 또 깜박했어요. 회사일 때문에 정신이 없었어요.

아 내: 아까 어머니께 전화를 했더니 당신 목소리를 듣고 싶어하셨어요. 멀리 있어서 자주 찾아뵙지도 못하는데 전화라도 좀 자주 하세요.

남 편: 그래야겠어요. 그동안 회사일로 바빠서 어머니께 너무 무심했던 것 같아요.

아 내: 아이들이 우리를 보고 배울 텐데 앞으로 부모님께 더 잘해야겠어요. **윗물이 맑아야 아랫물이 맑다고** 하잖아요.

남 편: 여보, 이번 주말에는 꼭 아이들을 데리고 부모님을 뵈러 갑시다.

아 내: 이번 주말에는 시간이 있어요? 아이들이 할머니 할아버지를 많이 보고 싶어했는데 이 말을 들으면 아주 기뻐할 거예요.

✽ 윗물이 맑아야 아랫물이 맑다: 윗사람이 잘해야 아랫사람이 잘한다.

활용예문

▶ **윗물이 맑아야 아랫물이 맑다고** 선배인 내가 열심히 일을 해야 후배들도 열심히 할 것이다.

▶ 가: 축구할 시간이네. 여보, 텔레비전 좀 켜 봐요.

　나: **윗물이 맑아야 아랫물이 맑다고** 당신이 매일 텔레비전만 보니까 아이들도 공부할 생각은 않고 텔레비전만 보잖아요.

새 어휘와 문형

☐ 깜박하다　☐ 정신(이) 없다　☐ 목소리　☐ 찾아뵙다　☐ 무심하다　☐ 맑다　☐ -라도

연습해요

다음 빈 칸에 알맞은 말을 넣어 대화를 완성하세요.

1. 가: 이번에 당선된 대통령은 국민들을 위해 열심히 일해 주었으면 좋겠어요.
   나: 그래요. _____고 대통령이 열심히 일하면 다른 공무원들도 열심히 국민들을 위해 일할 거예요.

2. 가: 옆집 아이들은 너무 예의가 없어요. 인사를 잘 안 해요.
   나: _____고 큰아이가 예의 없이 행동하니까 동생들도 똑같이 하는 것 같아요.

3. 가: _____.
   나: 윗물이 맑아야 아랫물이 맑다고 하잖아요.

한 걸음 더

▶ 찬물도 위아래가 있다(⇨) 무엇이나 순서가 있으니 그 순서를 따라야 한다.
  예) 찬물도 위아래가 있는데 선배님 먼저 드세요.
▶ 밑 빠진 독에 물 붓기(⇨) 계속 노력을 해도 소용없다.
  예) 발전 가능성이 없는 기업에 많은 돈을 지원하는 것은 밑 빠진 독에 물 붓기와 같다.

▶ 맑다 ∥
  • 오랜만에 보는 맑은 날씨군요.
  • 이 유리잔은 맑은 소리를 낸다.
  • 맑은 정신으로 내일 다시 이야기합시다.

함께해요

여러분은 다음과 같은 중요한 위치에 있는 사람입니다. '윗물이 맑아야 아랫물이 맑다'는 말처럼 여러분이 하는 행동이 다른 사람들에게 영향을 줍니다. 여러분은 어떤 좋은 모습을 보여 주겠습니까?

1 대통령이라면?

_____
_____
_____
_____

2 선생님이라면?

_____
_____
_____
_____

3 한 가정의 아버지(혹은 어머니)라면?

_____
_____
_____
_____

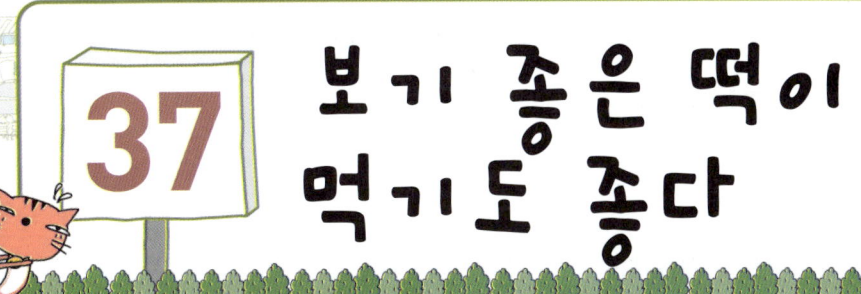

37 보기 좋은 떡이 먹기도 좋다

대화

> 당신이 만들어 준 초콜릿은 정말 예뻤어요. 보기 좋은 떡이 먹기도 좋다고 아주 맛있었어요.
>
> 그랬어요?

아 내: 여보, 오늘이 무슨 날인지 아세요?
남 편: 음, 무슨 날이에요? 당신 생일도 아니고 우리 결혼기념일도 아니고…….
아 내: 오늘이 5년 전 우리가 처음 만난 날이잖아요.
남 편: 그걸 다 기억하고 있어요?
아 내: 그럼요. 어떻게 그날을 잊을 수가 있겠어요. 도서관에서 공부하고 나오는 나에게 당신이 우산을 씌워 줬잖아요.
남 편: 당신에게 우산을 씌워 주려고 두 시간 동안 기다렸던 거 알아요?
아 내: 그럼 그때 일부러 나를 기다리고 있었던 거예요? 두 시간 동안이나요?
남 편: 두 번째 만나던 날 당신이 고맙다는 뜻으로 직접 만든 예쁜 초콜릿을 가져왔어요. **보기 좋은 떡이 먹기도 좋다고** 그 초콜릿 맛은 지금도 잊을 수가 없어요. 여보, 그 초콜릿 또 먹고 싶은데…….

* 보기 좋은 떡이 먹기도 좋다: 겉모양이 좋으면 속 내용도 좋아 보인다.

활용예문

▶ **보기 좋은 떡이 먹기도 좋다는** 말처럼 디자인이 예쁜 물건이 제일 먼저 눈에 들어와요.
▶ 가: 이 광고지에 나온 피자 좀 보세요. 정말 맛있을 것 같아요.
　나: **보기 좋은 떡이 먹기도 좋다고** 하는데 우리 한번 시켜 볼까요?

새 어휘와 문형

☐ 결혼　☐ 기념일　☐ 기억하다　☐ 씌우다　☐ 일부러　☐ 직접　☐ 겉모양
☐ 디자인　☐ 광고지　☐ 시키다

연습해요

다음 빈 칸에 알맞은 말을 넣어 대화를 완성하세요.

1. 가: _____는 말 알죠? 음식을 할 때는 모양과 색깔도 중요해요.

   나: 저는 음식 맛만 중요하다고 생각해 왔는데 지금부터는 모양과 색깔에도 신경을 써야겠어요.

2. 가: 요즘 백화점 선물 포장 코너가 인기래요.

   나: _____는 말이 생각나네요.

3. 가: _____.

   나: 보기 좋은 떡이 먹기도 좋다고 하잖아요.

한 걸음 더

▶ 빛 좋은 개살구(↔) 겉모양은 좋아 보이지만 속 내용은 그렇지 않다.
  예) 빛 좋은 개살구라더니 디자인만 보고 산 볼펜이 하루 만에 고장이 났다.
▶ 뚝배기보다는 장맛이다(↔) 겉모양은 좋아 보이지 않지만 속 내용은 아주 훌륭하다.
  예) 이 음식이 비록 보기에는 별로지만 뚝배기보다는 장맛이라고 한번 드셔 보세요. 정말 맛있어요.

함께해요

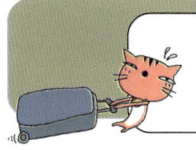

다음 그림을 보고 이야기를 완성해 봅시다.

38 새 발의 피

대화

> 요즘 과제 때문에 잠을 제대로 못 자.
>
> 그건 나한테 비하면 새 발의 피야. 나는 아르바이트까지 하느라 하루에 서너 시간밖에 못 자.

요 코: 왕량, 너 오늘 수업 시간에 심하게 졸더라. 교수님께서 계속 너를 보고 계시는데 눈치도 못 채고……. 어제도 졸던데 요즘 왜 그래?

왕 량: 요즘 과제가 얼마나 많은지 그거 하느라 잠을 제대로 못 자. 게다가 모두 한국어로 해야 하니까 너무 힘들어. 어제도 새벽 한 시가 훨씬 넘어서 잤어.

요 코: 왕량, 그건 나한테 비하면 **새 발의 피야**. 나는 아르바이트를 하면서 과제에 시험 준비까지 하느라 하루에 서너 시간밖에 못 자. 그래도 나는 수업 시간에 안 졸아.

왕 량: 나도 수업 시간에 졸지 않으려고 정말 많이 노력해. 하지만 나도 모르게 눈이 감기는걸.

요 코: 그러다가 시험 시간에도 졸면 정말 큰일인데…….

✱ 새 발의 피: 비교가 안 될 정도로 양이 아주 적다.

활용예문

▶ 가: 어제 564번 버스를 30분이나 기다렸어요.
　 나: 30분은 **새 발의 피예요**. 나는 한 시간이나 기다린 적도 있어요.

▶ 가: 새로 생긴 분식집에 가 봤어요? 그 집 떡볶이가 아주 매워요.
　 나: 저도 먹어 봤는데 그건 **새 발의 피예요**. 학교 앞에 있는 분식집 떡볶이는 한 개 먹고 물 한 병을 다 마실 정도로 매워요.

새 어휘와 문형

□ 심하다　□ 졸다　□ 눈치　□ 채다　□ 과제　□ 제대로　□ 넘다　□ 비하다
□ 감기다　□ 어쩔 수(가) 없다　□ 비교　□ 얼마나　□ -(으)ㄴ지　□ -(으)ㄴ/는걸(요)

연습해요

다음 빈 칸에 알맞은 말을 넣어 대화를 완성하세요.

1. 가: 이번 달 카드 요금이 50만 원이나 나왔어요. 내가 돈을 그렇게 많이 쓴 줄 몰랐어요.
   나: 50만 원이요? 그건 _____예요. 나는 이번 달에 100만 원이나 나왔어요.

2. 가: 추석에 길이 많이 막혀서 고향에 가는 데 4시간이나 걸렸어요.
   나: 아이고, 그건 _____예요. 나는 10시간이나 걸렸는걸요.

3. 가: _____.
   나: 그 정도는 새 발의 피야. _____.

한 걸음 더

▶ 낮말은 새가 듣고 밤말은 쥐가 듣는다(⇨) 아무도 안 듣는 데서라도 말조심해야 한다.
예) 쉿! 목소리가 너무 커요. 낮말은 새가 듣고 밤말은 쥐가 듣는다는데 그 말을 누가 들으면 어떡하려고 그래요?

▶ 발 없는 말이 천 리 간다(⇨) 말은 순식간에 퍼지므로 항상 말을 조심해야 한다.
예) 발 없는 말이 천 리 간다고 내가 이번 달에 결혼한다는 이야기를 캐나다에 있는 마이클 씨도 알고 있더라고요.

162

함께해요

다음 그림을 보고 새 발의 피를 사용하여 대화를 만들어 봅시다.

가: 우리 집이 너무 더워요. 33도나 돼요.
나: 33도요? 거긴 내가 있는 곳에 비하면 새 발의 피예요. 여기는 50도가 넘어요.

가: 왜 이제 오는 거야? 30분이나 늦었잖아.

나: _____

가: 엘리베이터가 고장 나서 8층까지 걸어 올라갔어.

나: _____

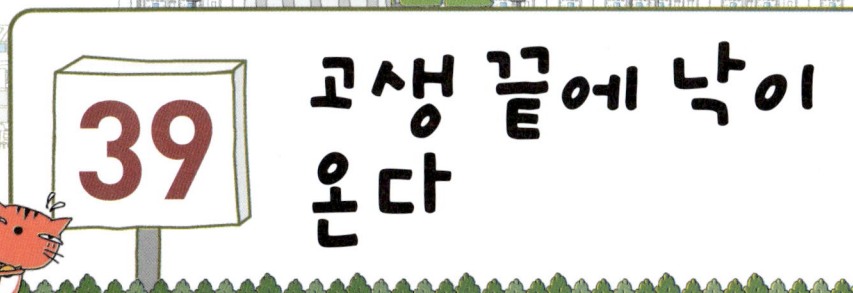

39 고생 끝에 낙이 온다

대화

(유도 선수): 유도를 다시 하기 위해 3년 동안 열심히 노력했어요.

(기자): 고생 끝에 낙이 온다는 말처럼 그동안 고생한 보람이 있군요.

기 자: 이번 올림픽에서 금메달 딴 것을 진심으로 축하합니다. 올림픽에 출전하기 위해서 30kg을 감량하셨다고요?

선 수: 네, 사실 3년 전에 국가 대표 선발전에서 탈락한 적이 있었어요. 그때 충격으로 폭식을 하게 되었지요. 불과 3개월 만에 25kg이 찌더군요. 결국 유도를 그만두게 되었고 삶의 희망도 잃어버렸어요.

기 자: 그런데 어떻게 다시 재기할 수 있게 되었어요?

선 수: 정말 힘들었어요. 살을 빼기 위해 하루도 빠지지 않고 열심히 운동을 하고 식사도 조절했어요. 살을 빼고 유도를 다시 하기 위해서 나 자신과의 끊임없는 싸움을 해야 했지요.

기 자: **고생 끝에 낙이 온다는** 말처럼 그동안의 고생이 오늘과 같은 성공의 밑바탕이 되었군요.

✽ 고생 끝에 낙이 온다: 어렵고 힘든 일 뒤에 즐겁고 좋은 일이 생긴다.

활용예문

▶ 지금 힘들어도 조금만 힘내자. **고생 끝에 낙이 온다는** 말이 있잖아.
▶ 가: 아픈 부인을 돌보느라 고생이 많으시네요.
　나: **고생 끝에 낙이 온다는** 말처럼 분명히 아내의 건강이 좋아질 거예요.

새 어휘와 문형

☐ 진심	☐ 출전하다	☐ 감량하다	☐ 선발전	☐ 탈락하다	☐ 충격	☐ 폭식
☐ 찌다	☐ 유도	☐ 그만두다	☐ 삶	☐ 희망	☐ 재기하다	☐ 조절하다
☐ 끊임없다	☐ 낙	☐ 밑바탕	☐ 돌보다	☐ 불과 -만에		

연습해요

다음 빈 칸에 알맞은 말을 넣어 대화를 완성하세요.

1. 가: 우리 학교 산악 팀이 드디어 에베레스트 산을 정복했대요.
   나: _____더니 결국 해냈군요.

2. 가: 외교관 시험을 준비하고 있는데 너무 힘들어요. 그래서 자꾸 포기하고 싶은 마음이 들어요.
   나: _____다는 말처럼 끝까지 포기하지 않고 열심히 하면 좋은 결과가 있을 거예요.

3. 가: _____.
   나: 힘들겠다. 그래도 고생 끝에 낙이 온다는 말이 있잖아. 열심히 하면 나중에 꼭 성공할 거야.

한 걸음 더

▶ **고생을 밥 먹듯이 한다**(⇨) 고생을 자주 하게 되다.
  예) 할머니께서는 우리 3형제를 키우시느라 **고생을 밥 먹듯이 하셨어요**.

▶ **고생을 사서 한다**(⇨) 자신이 스스로 어려운 일을 맡아서 고생을 한다.
  예) 가: 옆집에서 싸우는 소리가 나요. 우리가 가서 말리는 게 어때요?
      나: 사서 고생하지 말고 그냥 가만히 있어요.

함께해요

토순이의 몸무게는 70Kg 이었습니다. 토순이는 다이어트를 시작했습니다. 5개월 동안 15Kg을 빼려고 했습니다. 고생 끝에 낙이 온다는 말처럼 토순이는 다이어트에 성공했습니다. 여러분이 토순이의 다이어트 프로그램을 만들어 보세요.

〈다이어트 프로그램〉

	1. 방법 • 매일 한 시간씩 걷는다. • • •
	2. 먹으면 안 되는 음식 • • • •
	3. 꼭 먹어야 하는 음식 • • • •

40 팔은 안으로 굽는다

대화

나 영: 학생회장 선거에 실력이 있는 후보들이 많이 나온 것 같아.

요 코: 맞아. 각 후보들의 선거 공약 모두 우리 학교 학생들에게 정말로 필요한 거야. 그 중에서도 난 3번 후보의 동아리 지원을 적극적으로 하겠다는 공약이 제일 마음에 들어. 민수 넌 누구를 뽑을 건지 결정했어?

민 수: 응, 나도 3번 후보를 뽑을 거야.

나 영: 너도 그 사람이 내세운 공약이 마음에 들었구나.

민 수: 그것보다는 3번 후보가 나와 같은 고등학교 출신이거든.

나 영: 민수야, 아무리 **팔은 안으로 굽는다고** 하지만 우리 학교의 발전을 위해서 열심히 일할 사람을 뽑아야지 같은 학교 출신이라고 무조건 뽑으면 어떡하니?

✽ 팔은 안으로 굽는다: 자기와 가까운 사람에게 유리하게 한다.

활용예문

▶ **팔은 안으로 굽는다고** 아무리 미워도 난 동생 편이야.

▶ 가: 소프라노 정수지 씨, 안녕하세요? 해외 공연만 하다가 한국에서는 처음 한 공연인데 어땠어요?
　나: 너무 좋았어요. **팔은 안으로 굽는다고** 한국분들이 제 노래를 더 사랑해 주시는 것 같아요.

새 어휘와 문형

□ 선거　□ 후보자　□ 뽑다　□ 내세우다　□ 공약　□ 동아리　□ 적극적
□ 출신　□ 굽다　□ 발전　□ 무조건　□ 유리하다　□ 소프라노　□ 공연

연습해요

다음 빈 칸에 알맞은 말을 넣어 대화를 완성하세요.

1 가: 아니, 우리 아이가 뭘 잘못했다고 그래요?

　나: _____고 자기 아이가 한 잘못은 생각도 안하고 무조건 아이 편만 드는군요.

2 가: 5번 선수는 실수를 많이 했는데 어떻게 상을 받았어요?

　나: _____고 심사위원의 대부분이 그 선수와 같은 지역 출신이래요.

3 가: _____.

　나: 아무리 팔은 안으로 굽는다고 하지만 너무해요.

한 걸음 더

▶ 팔이 안으로 굽지 밖으로 굽나(=)
▶ 가재는 게 편이다(=)
▶ 초록은 동색이다(=)

▶ 굽다 ⚠
　• 우리 할머니는 허리가 많이 굽으셨어요.
　• CD를 구웠어요.
　• 고기를 구워 먹읍시다.

함께해요

다음 뜻을 읽고 속담을 말해 봅시다.

출발 →
← 도착

- 어렵고 힘든 일 뒤에 즐겁고 좋은 일이 생긴다.
- 경제적으로 매우 어려운 사람의 것을 빼앗는다.
- 일이나 상황이 점점 커지거나 어려워진다.
- 뒤로 한 칸 가세요.
- 무슨 일이라도 서로 힘을 합하면 더 쉽다.
- 아무 생각 없이 남이 하는 것을 따라 한다.
- 자기가 하고 싶지 않은 일을 억지로 한다.
- 한 가지 일을 하고 두 가지 이익을 얻는다.
- 뒤로 두 칸 가세요.
- 한 가지 일을 끝까지 해야 성공할 수 있다.
- 아무리 어려운 일이 있어도 해결할 방법이 있다.
- 화난 사람을 더 화나게 만든다.
- 모든 일은 시작이 중요하다.
- 해 줄 사람은 생각하지도 않는데 일이 다 된 것처럼 생각하고 기대한다.
- 작아야 할 것이 크거나 적어야 할 것이 많다.
- 앞으로 한 칸 가세요.
- 계획한 일을 하려고 할 때 우연히 예상하지 못한 일이 생긴다.

〈게임방법〉

1. 동전을 던져서 그림이 나오면 2칸, 숫자가 나오면 1칸을 가요.
2. 뜻을 읽고 속담을 말해요.
3. 틀리면 뒤로 한 칸 가요.
4. 먼저 도착하는 사람이 이겨요.

종합연습

21과 ~ 40과

연습1 〈보기〉에서 알맞은 말을 골라 다음 속담을 완성하세요.

| 보기 | 도둑 | 옷 | 친구 | 벼룩 | 배 | 새 | 떡 | 꿩 |

1. _____ 발의 피
2. _____의 간을 내어 먹는다
3. _____ 따라 강남 간다
4. _____ 먹고 알 먹는다
5. _____이 제 발 저리다

연습2 다음 뜻에 맞는 속담의 번호를 쓰세요.

① 불난 집에 부채질한다   ② 윗물이 맑아야 아랫물이 맑다
③ 고생 끝에 낙이 온다   ④ 입에 쓴 약이 몸에 좋다
⑤ 우물을 파도 한 우물을 파라

1. 한 가지 일을 끝까지 해야 성공할 수 있다.   (   )
2. 어렵고 힘든 일 뒤에는 즐겁고 좋은 일이 생긴다.   (   )
3. 충고는 듣기 싫지만 들으면 도움이 된다.   (   )
4. 안 좋은 상황을 더 나쁘게 만든다.   (   )

연습3 다음에 해당하는 속담을 쓰세요.

1 다음 달에 열릴 대회에서 1등을 하면 200만 원과 제주도 여행권을 준다고 한다. 태식이는 1등을 해서 제주도를 관광하는 상상을 한다.
➡ _____.

2 복권에 당첨되었는데 보는 사람마다 한턱내라고 해서 오히려 당첨금보다 돈을 더 많이 썼다.
➡ _____.

3 일이 많아서 야근을 하고 있는데 과장님이 내일까지 정리하라며 많은 서류를 주셨다. 게다가 부장님은 내일 아침 회의 준비를 나보고 하라고 하셨다.
➡ _____.

연습4 〈보기〉의 속담과 반대의 뜻을 가진 속담을 고르세요.

> 보기
> 보기 좋은 떡이 먹기도 좋다

① 팔은 안으로 굽는다
② 시작이 반이다
③ 빛 좋은 개살구
④ 옷이 날개다

연습5 다음 속담을 이용해 짧은 글을 만들어 보세요.

1 하늘이 무너져도 솟아날 구멍이 있다
➡ _____.

2 백지장도 맞들면 낫다
➡ _____.

41 도토리 키 재기

내가 제일 크지?

174_

대화

> 영어 시험 성적이 둘다 비슷한데 서로 영어를 더 잘한다고 싸우는 거 있지?
>
> 하하하, 그럴 때 '도토리 키 재기'라고 하지?

나 영: (……) 하하하. 그래, 주말에 이모가 꼭 맛있는 거 사줄게. 안녕.
에 릭: 무슨 전화인데 기분이 좋아?
나 영: 내 쌍둥이 조카들이 전화를 했는데 이번 시험에서 서로 시험을 잘 봤다고 자랑을 하잖아.
에 릭: 그래? 몇 학년인데?
나 영: 초등학교 4학년이야. 이번 영어 시험에서 유경이는 72점, 유빈이는 71점을 받았고 지난번에는 유빈이가 2점 더 높았대. 그래서 지금 서로 영어를 잘한다고 싸우는 거 있지.
에 릭: 하하하, 쌍둥이라서 경쟁심이 많은가 보구나.
나 영: 그런데 그것뿐만이 아니야. 서로 키가 더 크고 더 예쁘다고 싸우곤 해. 나는 누가 누군지 잘 구별하지 못할 때도 있는데 말이야.
에 릭: 하하하, 그럴 때 **도토리 키 재기라고** 하지?

✽ 도토리 키 재기: ❶ 정도가 비슷한 사람끼리 서로 싸운다. ❷ 비슷비슷해서 비교할 필요가 없다.

활용예문

▶ 우리끼리 경쟁하는 것은 **도토리 키 재기입니다.** 경쟁력을 키워 세계 시장으로 나가야 합니다.
▶ 가: 난 39등, 넌 40등. 봐, 내가 더 잘하지?
  나: **도토리 키 재기** 그만 하고 공부나 열심히 하자.

새 어휘와 문형

☐ 쌍둥이 ☐ 경쟁심 ☐ 구별하다 ☐ 도토리 ☐ 재다∥ ☐ 끼리 ☐ 키우다 ☐ -곤 하다

연습해요

다음 빈 칸에 알맞은 말을 넣어 대화를 완성하세요.

1 가: 마이클 씨, 제가 방을 구해야 하는데 좀 도와주시겠어요? 마이클 씨가 나보다 한국말 더 잘하잖아요.

나: 아니에요, 저도 잘 못해요. 내가 토니 씨보다 한 달 먼저 한국에 왔을 뿐인데요. _____예요.

2 가: 김 선생님, 학생들 이번 시험 성적이 어때요?

나: 그렇게 좋지는 않아요. 고득점자는 없고 모두가 _____ 하는 것처럼 점수가 비슷비슷해요.

3 가: _____.

나: 별 차이 없는 것 같은데 도토리 키 재기하는군요.

한 걸음 더

▶ 난쟁이끼리 키 자랑하기(=)

▶ 재다∥
- 이 물건의 높이를 자로 재어 보세요.
- 어떤 사람인지 잘 재어 보고 결혼을 결정하세요.
- 불고기 만들 때는 먼저 소고기를 양념에 재어 놓아야 해요.

함께해요

다음 그림을 보고 '도토리 키재기'를 사용하여 마지막 장면을 완성해 보세요.

1

2

3

4
= 심사중 =

5 〈대기실〉
- 내가 제일 잘 한 것 같아!
- 나… 1등
- 나 밖에 없어

6
- 어쩌면 이렇게 모두 노래를 못할 수가……
- 도대체 누구를 뽑아야 할지 모르겠어요.

42 오르지 못할 나무는 쳐다보지도 마라

이 나무는 너무 높아서 오를 수 없으니까 쳐다보지도 마!

대화

민 수: 나영아, 진로 정했어?

나 영: 응. 졸업하고 나서 문화 기업에 취직할 거야.

민 수: 문화 기업? 문화 기업에 취직하는 것은 하늘의 별 따기만큼 어렵잖아. 성적도 아주 좋아야 하고 외국어도 잘해야 한다고 들었어.

나 영: 그래, 나도 알고 있어. 하지만 한 학기 동안 열심히 공부하고 준비하면 취직할 수 있을 거야.

민 수: 그런데 지금 네 성적으로 힘들지 않을까? **오르지 못할 나무는 쳐다보지도 말라는** 말도 있잖아. 내 생각에는 문화기업 말고 다른 회사에 지원하는 게 더 좋을 것 같은데…….

나 영: 걱정 마. 난 문화기업에 합격할 자신 있어. 오늘부터 최선을 다해서 열심히 준비할 거야.

민 수: 자신감이 아주 대단하네. 지금 자신감만큼 열심히 준비해서 꼭 합격하길 바랄게.

말풍선: 난 반드시 문화 기업에 입사할 거야.

말풍선: 지금 네 성적으로는 힘들 텐데…… 오르지 못할 나무는 쳐다보지도 말라는 말도 있잖아.

※ 오르지 못할 나무는 쳐다보지도 마라: 자신의 능력으로 불가능해 보이는 일에 대해서는 처음부터 욕심내지 않는 것이 좋다.

활용예문

▶ 나는 내가 못할 것 같은 일은 처음부터 시작도 하지 않아요. **오르지 못할 나무는 쳐다보지도 말라고** 하잖아요.

▶ 가: **오르지 못할 나무는 처음부터 쳐다보지도 말라고** 하잖아. 나는 여기서 포기할래.
　나: 아니야, 힘내. 마를린 먼로(Monroe, Marilyn)도 모델로서는 실패했지만 끝까지 꿈을 포기하지 않고 노력해서 세계적인 영화배우가 되었잖아.

새 어휘와 문형

☐ 진로　　☐ 오르다　　☐ 쳐다보다　　☐ 자신감　　☐ 불가능　　☐ 욕심내다

연습해요

다음 빈 칸에 알맞은 말을 넣어 대화를 완성하세요.

1. 가: 나 사실 제인을 짝사랑하고 있어. 다음에 만나면 꼭 고백할 거야.
   나: _____는 말처럼 빨리 포기하는 게 좋을 거야. 제인이 얼마나 눈이 높은데…….

2. 가: 제가 판매 왕이 될 거라고 했을 때 모두들 _____고 하면서 비웃었어요. 그때 저는 한 달에 차 한 대 정도 밖에 못 팔았거든요. 하지만 저는 끝까지 포기하지 않았어요.
   나: 그래서 결국 멋지게 성공하셨군요. 정말 축하드립니다.

3. 가: _____.
   나: 오르지 못할 나무는 쳐다보지도 말라고 하잖아요.

한 걸음 더

▶ 열 번 찍어 안 넘어 가는 나무 없다(⇨) 아무리 이루기 힘든 일이라도 끝까지 노력하면 이루어진다.
예) 열 번 찍어 안 넘어 가는 나무 없다고 그 사람을 7년 동안 따라 다녀서 결혼에 성공했어요.

▶ 오르다
- 인기가 오르니까 사람이 달라졌다.
- 괴로운 일은 모두 잊고 여행길에 오르기로 했다.
- 사람들 입에 오르지 않도록 조심하세요.

함께해요

다음 글을 읽고 여러분의 생각을 말해 봅시다.

〈미녀와 야수〉

어느 상인이 딸에게 주려고 야수의 성에 예쁘게 피어 있는 장미꽃을 몰래 꺾었다. 이 사실을 알고 화가 난 야수는 상인을 살려 주는 대신 그의 딸을 데려오라고 했다. 상인은 할 수 없이 그의 딸 벨을 야수에게 보냈다. 야수는 마음씨 착한 벨을 사랑하게 되었다. 그리고 그녀와 결혼도 하고 싶었다. 하지만 무섭게 생긴 자신의 외모 때문에 벨에게 프러포즈하기를 망설였다. '오르지 못할 나무는 처음부터 쳐다보지 않는 게 좋아.'라고 생각하면서 벨을 포기하기로 마음먹었다. 그러나 다음 날에는 '아니야, 나는 벨을 사랑하고 있어. 세상에 열 번 찍어 안 넘어가는 나무는 없다고 하잖아. 내가 진심으로 대하고 잘 해 주면 벨도 아마 나의 프러포즈를 받아 줄 거야!'라고 생각했다.

1. 야수는 이렇게 매일 벨에게 프러포즈를 해야 할지 말아야 할지 고민하고 있습니다. 만약 여러분이 야수라면 어떻게 하겠습니까?

2. 여러분은 '오르지 못할 나무는 쳐다보지도 마라'는 말처럼 자신의 능력으로 불가능해 보이는 일은 처음부터 욕심내지 않는 편입니까? 아니면 하고 싶은 일은 불가능해 보여도 끝까지 해 보는 편입니까?

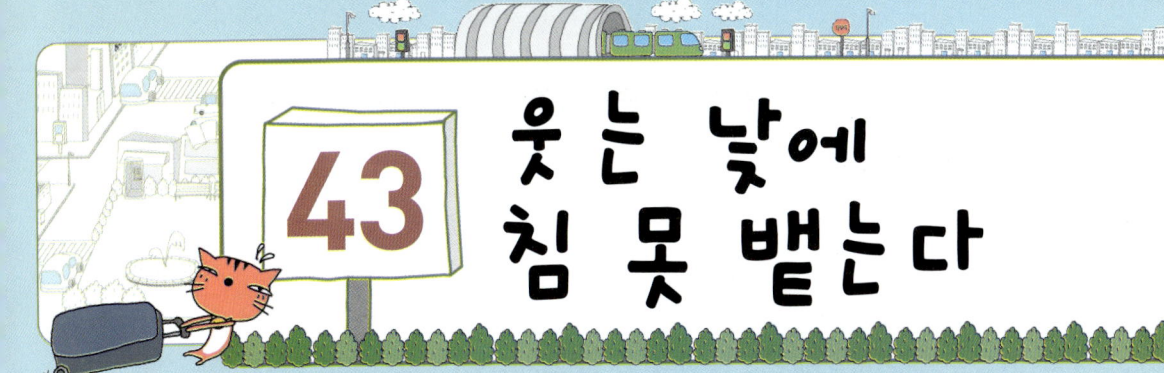

43 웃는 낯에 침 못 뱉는다

대화

나 영: 두 분은 처음에 어떻게 만나셨어요?
다니엘: 만원 버스 안에서 처음 만났는데 지우 씨가 내 발을 밟았어요.
지 우: 많이 아팠을 거예요. 제가 하이힐을 신고 있었거든요.
다니엘: 그땐 너무 아파서 눈물이 날 정도였어요.
지 우: 저도 미안해서 정중히 사과했었지요. 그런데 버스가 갑자기 흔들려서 또 발을 밟았어요.
다니엘: 그때 지우 씨가 미소를 지으면서 미안하다고 사과를 하더군요. **웃는 낯에 침 못 뱉는다고** 도저히 화를 낼 수가 없었어요. 오히려 그 미소에 반해서 또 내 발을 밟으면 데이트 신청을 할 거라고 농담을 했어요.
나 영: 하하하 다니엘 씨, 너무 엉뚱해요.
지 우: 그렇지요? 나도 그 말을 들었을 때 좀 이상한 사람이라고 생각했어요. 그런데 내가 또 발을 밟고 말았어요. 사람들이 너무 많아서……
다니엘: 그래서 결국 내가 데이트 신청을 했지요. 하하하.

✽ 웃는 낯에 침 못 뱉는다: 좋게 대하는 사람에게는 잘못을 했더라도 나쁘게 대할 수 없다.

활용예문

▶ **웃는 낯에 침 못 뱉는다고** 상냥하게 웃으면서 부탁하면 부장님께서 틀림없이 네 부탁을 들어주실 거야.
▶ 가: 제가 어제 약속을 어겨서 친구가 화가 많이 났어요. 어떡하지요?
　나: **웃는 낯에 침 못 뱉는다고** 영수 씨가 진심으로 사과를 하면 친구도 화를 풀 거예요.

새 어휘와 문형

□ 만원　□ 밟다　□ 하이힐　□ 정중하다　□ 사과하다　□ 흔들리다　□ 미소
□ 낯　□ 뱉다　□ 도저히　□ 반하다　□ 농담　□ 신청　□ 엉뚱하다
□ 이상하다　□ 상냥하다　□ 부탁하다　□ 틀림없다　□ 어기다

연습해요

다음 빈 칸에 알맞은 말을 넣어 대화를 완성하세요.

1 가: 언니, 내가 언니를 세상에서 제일 사랑하는 거 알지? 일주일 동안 내가 방 청소 다 할 테니까 숙제 좀 도와줘.

나: _____고 네가 그렇게 말하니까 거절을 못 하겠네. 무슨 숙제니?

2 가: 영숙 씨, 정말 미안해요. 내가 영숙 씨 전자사전을 잃어버렸어요. 같은 걸로 사 드릴게요.

나: _____고 그렇게까지 말씀을 하시니까 제가 화를 낼 수가 없네요.

3 가: _____.

나: 웃는 낯에 침 못 뱉는다고 하잖아요. 작은 선물이라도 준비해서 미안하다고 하세요.

한 걸음 더

▶ 웃음 속에 칼이 있다(⇨) 겉으로는 좋은 체 하면서 실제로는 해롭게 한다.
　예) 웃음 속에 칼이 있다고 하잖아요. 자기에게 아주 잘 해준다고 그 사람을 무조건 믿으면 안 될 것 같아요.

▶ 웃는 집에 복이 있다(⇨) 집안이 화목하여 가족 모두가 늘 웃으며 지내면 행복이 찾아온다.
　예) 웃는 집에 복이 있다고 집안이 늘 화목하니까 하는 일도 잘되는군요.

함께해요

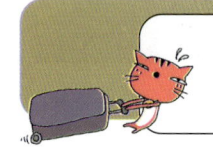

> 다음은 웃음 십계명입니다. 여러분이 11번째 계명을 만들어 보세요.

1. **크게 웃어라**: 크게 웃는 웃음은 최고의 운동법이며 매일 1분 동안 웃으면 8일 더 오래 산다. 크게 웃을수록 더 큰 자신감이 생긴다.
2. **억지로라도 웃어라**: 뇌는 거짓 웃음을 알아차리지 못한다. 병이 무서워서 도망간다.
3. **일어나자마자 웃어라**: 아침에 첫 번째 웃는 웃음이 최고의 보약이다.
4. **시간을 정해 놓고 웃어라**: 평생 병원에 갈 필요가 없다.
5. **마음까지 웃어라**: 얼굴 표정보다 마음 표정이 더 중요하다.
6. **즐거운 생각을 하며 웃어라**: 즐거운 웃음은 즐거운 일을 만든다. 웃으면 복이 오고 웃으면 웃을 일이 생긴다.
7. **함께 웃어라**: 혼자 웃는 것보다 33배 이상 효과가 좋다.
8. **힘들 때 더 웃어라**: 진정한 웃음은 힘들 때 웃는 것이다.
9. **한 번 웃고 또 웃어라**: 웃지 않고 하루를 보낸 사람은 그날을 낭비한 것과 마찬가지다.
10. **꿈을 이뤘을 때를 상상하며 웃어라**: 꿈과 웃음은 한집에 산다.
11. _____

〈한국웃음연구소 제공〉

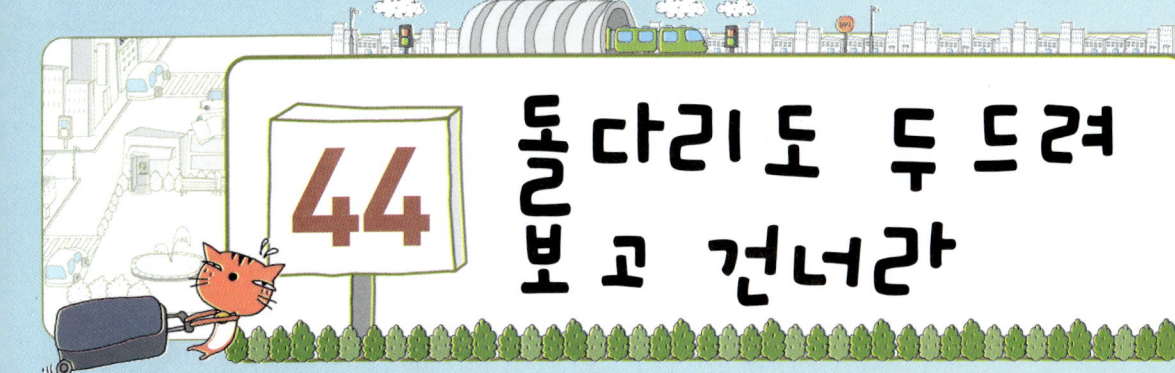

44 돌다리도 두드려 보고 건너라

대화

에 릭: 내일 드디어 여행을 떠나는구나. 새벽에 출발해야 하니까 일찍 자야겠어. 그런데 넌 안 잘 거야?

왕 량: 준비물을 다시 확인하고 있어. 에릭, 너는 모두 챙겼어?

에 릭: 물론이지. 난 아까 짐을 다 싸 두었어.

왕 량: 그래도 중요한 것들은 다시 한 번 확인해 보는 게 좋지 않을까? 여권, 비행기 표, 비상약 같은 것 말이야.

에 릭: 가방 안에 잘 넣어 두었으니까 걱정하지 마.

왕 량: **돌다리도 두드려 보고 건너라고** 하잖아. 잘 넣었는지 다시 확인해 봐.

에 릭: 알았어. 중요한 것들은 가방 앞주머니에 있어. 바로 여기 말이야. 어! 여권이 없네. 분명히 여기에 넣어 뒀는데…….

왕 량: 잘 찾아봐. 어, 책상 위에 이건 뭐야? 네 여권 아니야?

에 릭: 맞아. 그런데 여권이 왜 거기에 있지? 이상하네, 분명히 가방 안에 넣어 두었는데……. 아무튼 고마워. 너 아니었으면 큰일날 뻔 했어.

✱ 돌다리도 두드려 보고 건너라: 잘 아는 일도 다시 확인해 보고 해야 한다.

활용예문

▶ **돌다리도 두드려 보고 건너야 한다는** 말이 있듯이 모든 일을 결정할 때는 항상 신중해야 한다.

▶ 가: 집 계약하러 갔다 올게요.
　나: 네, **돌다리도 두드려 보고 건너라고** 계약서를 꼭 확인한 후에 서명하세요.

새 어휘와 문형

☐ 드디어　☐ 준비물　☐ 확인하다　☐ 챙기다　☐ 비상약　☐ 돌다리　☐ 두드리다
☐ 건너다　☐ 아무튼　☐ 큰일(이) 나다　☐ 결정하다　☐ 신중하다　☐ 계약하다
☐ 서명하다　☐ -(으)ㄹ 뻔하다

연습해요

다음 빈 칸에 알맞은 말을 넣어 대화를 완성하세요.

1 가: 이번에 새로 사업을 시작하려고 해요.

　나: _____고 하는데 신중히 생각해 보고 결정한 거예요?

2 가: 선생님, 시험 문제를 다 풀었는데 나가도 돼요?

　나: _____고 했어요. 그러니까 다시 한 번 확인해 보세요.

3 가: _____.

　나: 돌다리도 두드려 보고 건너라고 하잖아요.

　_____.

한 걸음 더

▶ 아는 길도 물어 가라(=)
▶ 식은 죽도 불어 가며 먹어라(=)

▶ 두드리다
　• 그는 창문을 똑똑 두드렸다.
　• 깡패에게 두드려 맞았다.

▶ 건너다
　• 차도를 함부로 건너서는 안 된다.
　• 소문이 이 집 저 집을 건너서 퍼졌어요.
　• 배탈이 나서 두 끼를 건넜어.

함께해요

여행에 대해 이야기해 봅시다.

1 여러분은 여행을 가려고 합니다. 무엇을 준비해야 할까요?

1) 남극 여행   2) 사막 여행    3) 밀림 여행

_____   _____   _____
_____   _____   _____
_____   _____   _____

2 친구가 여러분의 나라로 여행을 가고 싶어합니다. 여러분의 나라로 여행할 때 꼭 준비해야 할 것과 주의해야 할 것은 무엇입니까?

여행지: _____ 계절: _____ 기간: _____

준비해야 할 것	주의해야 할 것	기타

3 여러분은 여행 갈 때 필요한 물건을 챙기지 않아서 곤란한 일을 겪은 적이 있습니까?

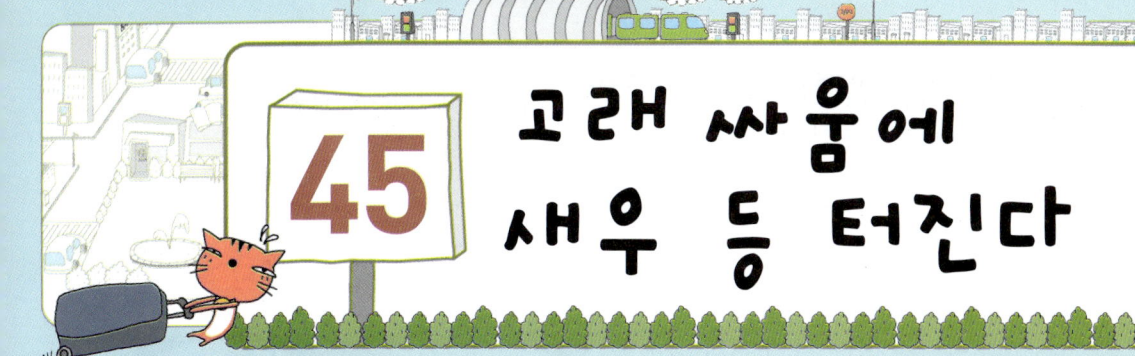

45 고래 싸움에 새우 등 터진다

대화

나 영: 아버지, 신문을 보니까 올해도 경기가 회복되기 힘들다던데 아버지 회사는 어때요?

아버지: 우리도 요즘 많이 어려워. 대기업들이 서로 경쟁하는 바람에 중소기업들이 피해를 입고 있거든. 이번 달에도 서로 가격 경쟁을 하면서 대기업들이 가격을 10%나 내렸어.

나 영: 그런데 그게 아버지 회사와 무슨 상관이 있어요?

아버지: 대기업에서 가격을 내리면 원자재를 공급하는 우리 같은 중소 기업도 가격을 내려야 해. 그러면 손해가 얼마나 큰지 몰라.

나 영: 작은 회사는 큰 회사들 사이에서 꼼짝없이 피해를 볼 수밖에 없겠네요.

아버지: 그래. 완전히 **고래 싸움에 새우 등 터지는** 꼴이 되는 거지. 그래서 요즘 회사가 좀 어려워.

나 영: 저는 아버지께서 이렇게 고생하시는 줄 몰랐어요. 그것도 모르고 용돈이나 올려 달라고 하고……. 이제부터 제 용돈은 제가 벌어 쓸게요.

어머니: 정말 기특하구나! 그런데 나영아, 엄마는 네가 용돈을 벌어 쓰는 것보다 열심히 공부해서 장학금을 탔으면 좋겠어.

※ 고래 싸움에 새우 등 터진다: 강한 자들끼리 싸우는 사이에 아무 상관도 없는 약한 자가 피해를 입는다.

활용예문

▶ **고래 싸움에 새우 등 터진다고** 강대국들이 전쟁을 하면 주변의 약소국들이 입는 피해는 엄청나다.

▶ 가: 얼굴이 왜 그래? 싸웠어?
　나: **고래 싸움에 새우 등 터진다고** 형들끼리 싸우는데 말리다가 다쳤어요.

새 어휘와 문형

☐ 경기　　☐ 회복되다　　☐ 대기업　　☐ 중소기업　　☐ 관계　　☐ 원자재　　☐ 공급하다
☐ 손해　　☐ 꼼짝없다　　☐ 터지다　　☐ 꼴　　☐ 강대국　　☐ 약소국　　☐ 엄청나다
☐ 말리다　　☐ -는 바람에

연습해요

다음 빈 칸에 알맞은 말을 넣어 대화를 완성하세요.

1 가: 정치하는 사람들이 싸우면 결국 피해를 입는 건 국민들인 것 같아요.

 나: 맞아요. _____는 거지요.

2 가: 오늘 사무실 분위기가 왜 이래? 너무 조용해서 숨도 제대로 못 쉬겠어.

 나: 과장님과 부장님이 크게 싸우셨어. 그래서 다들 조용히 일만 하고 있어.

 완전히 _____는 꼴이야.

3 가: _____.

 나: 고래 싸움에 새우 등 터지는 꼴이 되었구나.

한 걸음 더

▶ **새우 싸움에 고래 등 터진다**(↔) 아랫사람이 잘못한 일 때문에 윗사람이 피해를 입는다.
 예) 새우 싸움에 고래 등 터진다고 부하직원들이 일을 제대로 못해서 부장님이 모든 책임을 지게 되었어요.

▶ **싸움 끝에 정이 붙는다**(⇨) 싸움을 통하여 서로 가지고 있던 오해나 나쁜 감정을 풀어 버리면 오히려 더 가까워진다.
 예) 싸움 끝에 정이 붙는다고 싸우면서 오해가 풀려서 지금은 그 친구와 더 친해졌어요.

▶ **터지다**
 • 풍선이 터져서 놀랐어요.
 • 우리 삼촌은 돈 복이 터졌어요. 주식이 두 배로 올랐거든요.
 • 전쟁이 터져서 할아버지는 남쪽으로 피난을 오셨어요.

함께해요

다음 그림을 보고 '고래 싸움에 새우 등 터진다'를 사용해서 이야기를 만들어 보세요.

46 열 길 물 속은 알아도 한 길 사람 속은 모른다

194_

대화

다니엘: 뉴스 봤어요? 그 끔찍한 사건의 범인이 드디어 잡혔대요.
지 우: 정말이에요? 증거가 없어서 수사에 어려움이 많다고 했잖아요. 지금이라도 잡혀서 정말 다행이네요.
다니엘: 그런데 그 사람이 범인일 줄은 아무도 몰랐대요.
지 우: 네? 그게 무슨 말이에요?
다니엘: 주민들은 그 사람이 예의도 바르고 친절해서 좋아했대요. 이웃 주민들에게 어려운 일이 있으면 발 벗고 나서서 자기 일처럼 도와 주기도 하고요. 특히 혼자 살고 있는 노인들을 자신의 부모님처럼 생각하고 많이 도와주었대요.
지 우: 어머, 그렇게 성실하고 착한 사람이 어떻게 그런 짓을 했대요?
다니엘: 범죄 사실을 숨기기 위해서 일부러 그렇게 한 것 같아요. 그 사람이 범인이라고 밝혀졌는데도 이웃 주민들은 믿기 어렵다고 했대요.
지 우: **열 길 물 속은 알아도 한 길 사람 속은 모른다더니** 정말 그 말이 맞네요.

✽ 열 길 물 속은 알아도 한 길 사람 속은 모른다: 사람의 속마음은 겉으로만 봐서는 알기 힘들다.

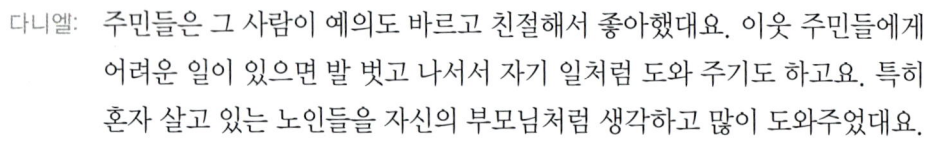

활용예문

▶ **열 길 물 속은 알아도 한 길 사람 속은 모른다고** 죽을 때까지 나만 사랑하겠다고 맹세하던 애인이 그동안 다른 여자를 만나 왔대요.

▶ 가: 김 과장이 우리 회사를 그만두고 경쟁사로 옮긴대요.
   나: **열 길 물 속은 알아도 한 길 사람 속은 아무도 모른다고** 그렇게 회사를 위해 열심히 일하던 사람이 몰래 다른 회사를 알아보고 있었군요.

새 어휘와 문형

☐ 끔찍하다 ☐ 증거 ☐ 수사 ☐ 예의 ☐ 발 벗고 나서다 ☐ 성실하다
☐ 범죄 ☐ 맹세하다 ☐ 경쟁사 ☐ 옮기다

※ 길: 길이의 단위. 한 길은 2.4m~3m

연습해요

다음 빈 칸에 알맞은 말을 넣어 대화를 완성하세요.

1 가: 친구가 돈이 급하게 필요하다고 해서 빌려 주었는데 몇 달째 연락이 안 돼요. 그럴 사람이 아닌데…….

   나: _____고 하잖아요.

2 가: 결혼 전에는 꽃을 선물로 주면 정말 좋아했는데 결혼한 후에는 꽃을 선물하니까 화를 내더라. 왜 그런지 모르겠어.

   나: _____고 여자 마음을 이해하기는 정말 힘들어.

3 가: _____.

   나: 열 길 물 속은 알아도 한 길 사람 속은 모른다더니…….

한 걸음 더

▶ 엎질러진 물(⇨) 이미 일어난 일은 되돌릴 수 없다.
  예) 이미 엎질러진 물이잖아. 지금 후회해도 소용없으니까 그 일은 그만 잊고 지금부터 회의를 준비하는 게 어때?

함께해요

열 길 물속은 알아도 한 길 사람 속은 모른다!
다음과 같은 말을 하는 사람의 진심은 무엇일까요? 생각해 봅시다.

1. 오랜 만에 만난 친구가 "다음에 밥이나 같이 먹자."라고 했다.

2. 회사에서 면접을 본 후, 면접 담당자가 "나중에 연락드리겠습니다."라고 했다.

3. 친구에게 무엇을 부탁했는데 친구가 "한번 생각해 볼게."라고 대답했다.

4. 아주 친하게 지내던 여자/남자 친구를 사랑하게 되었다. 그래서 고백을 했다. 그런데 그날부터 여러분을 대하는 그녀/그의 태도가 좀 차가워졌다.

5. 사귀던 여자/남자 친구가 어느 날 갑자기 헤어지자고 한다. 이유를 묻자 "너를 너무 사랑하기 때문에……."라고 했다

47 물에 빠지면 지푸라기라도 잡는다

대화

기 자: 7년 전 사업에 실패하셨다고 들었는데 어떻게 재기에 성공하게 되셨습니까?

사 장: 어떻게 손을 쓸 새도 없이 회사 문을 닫게 되었지요. 처음에는 정말 눈앞이 캄캄했습니다. 하지만 가족들을 위해서 다시 일어서야 했습니다. **물에 빠지면 지푸라기라도 잡는다고** 노점상부터 시작했습니다.

기 자: 노점상으로는 재기하시기가 무척 어려웠을 텐데요.

사 장: 잠자는 시간, 밥 먹는 시간도 아껴 가면서 열심히 일을 했습니다. 돈이 어느 정도 모이자 친구 회사의 창고를 빌려 전에 하던 사업을 다시 시작했어요. 예전에 함께 일하던 사원들도 하나 둘 찾아와 열심히 일을 했습니다. 다들 성실히 일해 준 덕분에 우리 회사가 다시 일어서게 되었습니다.

기 자: 정말 훌륭한 사원들을 두셨군요. 끝까지 포기하지 않고 회사를 다시 일으켜 세운 사장님과 사원들의 노력은 현재 어려움을 겪고 있는 회사에 큰 희망을 줄 것입니다.

✽ 물에 빠지면 지푸라기라도 잡는다: 위급한 상황이 되면 별로 도움 되지 않는 것에도 의지하려고 한다.

활용예문

▶ **물에 빠지면 지푸라기라도 잡는다고** 영수는 동생에게까지 방학 숙제를 도와 달라고 부탁했다.

▶ 가: 내일까지 2천 만 원을 어디에서 빌리지요?
　나: **물에 빠지면 지푸라기라도 잡는다고** 아는 사람 모두에게 전화해 봅시다.

새 어휘와 문형

□ 손(을) 쓰다　　□ 눈앞이 캄캄하다　　□ 지푸라기　　□ 노점상　　□ 창고
□ 일으키다　　□ 세우다　　□ 겪다　　□ 위급하다　　□ 의지하다　　□ -자

연습해요

다음 빈 칸에 알맞은 말을 넣어 대화를 완성하세요.

1. 가: 복권을 20장이나 샀어요?
   나: _____고 큰 돈이 필요한데 빌릴 데도 없고 너무 답답해서 사 봤어요. 혹시 당첨될지도 모르잖아요.

2. 가: 그 사람 아내가 암에 걸렸다면서요?
   나: 네, _____고 그 사람 요즘 암에 좋다는 음식과 약을 구하느라 정신이 없어요.

3. 가: _____.
   나: 물에 빠지면 지푸라기라도 잡는다고 하잖아요.

한 걸음 더

▶ 문화 엿보기

〈지푸라기〉

짚은 농사를 짓고 수확한 후 남은 벼, 보리, 밀 등의 줄기인데, 옛날에는 여러 가지 용도로 사용되었다. 지붕을 만들거나 그릇, 신발, 모자를 만드는 데 쓰였고 퇴비 또는 연료 등으로 이용되었다. 요즈음은 주로 공예품을 만드는 데 이용된다.

함께해요

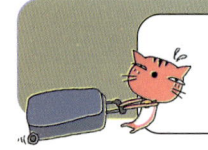

물에 빠지면 지푸라기라도 잡는다고 합니다. 여러분은 다음과 같은 상황에서 어떻게 대처하겠습니까?

1. 해외여행을 갔는데 길을 잃었습니다. 여러분은 그 나라의 말을 할 줄 모릅니다.

   대처 방법: _____
   _____
   _____

2. 여러분은 엘리베이터 안에 갇혔습니다. 정전이 되어서 엘리베이터 안은 아주 어둡습니다.

   대처 방법: _____
   _____
   _____

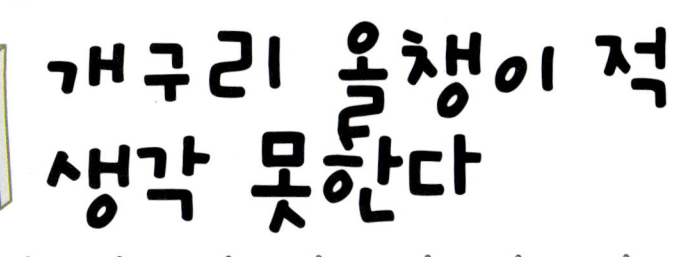

48 개구리 올챙이 적 생각 못한다

대화

민 수: 왜 이렇게 길이 막히지? 이럴 줄 알았으면 지하철을 타는 게 나았을 텐데……

슬 기: 그러게 말이야. 그래도 아직 선생님 결혼식까지 30분 정도 있으니까 너무 조급하게 생각하지 마.

민 수: 결혼식 전에는 도착할 수 있겠지? 그런데 좀 이상해. 이 시간에 이렇게 차가 막힐 리가 없는데 사고라도 났나?

슬 기: 민수야, 저기 좀 봐. 정말 사고가 났나 봐. 뒤차가 앞차를 박은 모양이야.

민 수: 어디, 어디? 정말이네. 뒤차에 초보 운전이라고 쓰여 있잖아! 운전도 잘 못하면서 큰 길까지 나오다니……

슬 기: **개구리 올챙이 적 생각 못한다더니** 민수 너도 처음 운전을 시작했을 때 실수 많이 했잖아. 기억 안 나?

민 수: 아, 내가 너무 흥분해서 말을 좀 심하게 했어. 그래도 큰 사고가 아니어서 정말 다행이야, 그렇지?

(말풍선) 개구리 올챙이 적 생각 못한다고 너도 처음에는 실수 많이 했잖아.

(말풍선) 초보운전이잖아. 운전도 잘 못하면서…….

✽ 개구리 올챙이 적 생각 못한다: 성공하면 어려웠던 과거는 잊어버리고 처음부터 잘난 것처럼 행동한다.

활용예문

▶ **개구리 올챙이 적 생각 못한다는** 말을 듣지 않도록 예전과 마찬가지로 열심히 일하겠습니다.

▶ 소 현: 요즘 아이들은 너무 버릇이 없어요.
　어머니: **개구리 올챙이 적 생각 못한다고** 너도 어릴 때 그랬어.

새 어휘와 문형

☐ 막히다　☐ 조급하다　☐ 박다　☐ 초보　☐ 올챙이　☐ 흥분하다　☐ 잘나다
☐ 마찬가지　☐ -(으)ㄹ 리가 없다　☐ -았/었나 보다　☐ -(으)ㄴ/는 모양이다

연습해요

다음 빈 칸에 알맞은 말을 넣어 대화를 완성하세요.

1 가: 넌 이렇게 쉬운 연주도 못하니?

   나: _____고 너도 처음에는 잘 못했잖아. 처음부터 잘하는 사람이 어디 있어?

2 가: 과장님에게도 신입 사원 시절이 있었을 텐데 왜 우리 마음을 몰라 주시는 걸까?

   나: _____고 하잖아. 사람들은 힘들었던 옛날 일은 쉽게 잊어버리는 것 같아.

3 가: _____.

   나: 개구리 올챙이 적 생각 못한다는 말이 있잖아요.

   _____.

한 걸음 더

▶ 우물 안 개구리(⇨) 다른 세상에 대한 경험이 없어서 생각의 폭이 좁다.
  예) 나는 우물 안 개구리가 되지 않기 위해서 매일 뉴스와 신문을 열심히 봐요.
▶ 개구리도 움쳐야 뛴다(⇨) 아무리 급하더라도 일을 이루려면 준비할 시간이 있어야 한다.
  예) 이 일을 내일까지 다 하라고요? 개구리도 움쳐야 뛴다고 준비할 시간은 주셔야지요.

함께해요

아주 힘들었을 때 여러분을 도와준 사람이 있습니까? 그분의 고마움을 생각하며 감사의 편지를 써 봅시다.

49 꿩 대신 닭

대화

나 영: 에릭, 너 '난타' 본 적 있니?

에 릭: 물론이지, '난타' 팬이야. 팬클럽에도 가입했어.

나 영: 정말이야? 나는 아직 한 번도 본 적이 없는데 네가 '난타' 팬이라니 정말 의외인 걸.

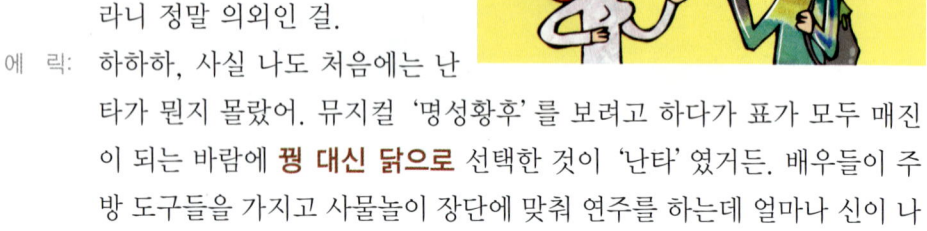

에 릭: 하하하, 사실 나도 처음에는 난타가 뭔지 몰랐어. 뮤지컬 '명성황후'를 보려고 하다가 표가 모두 매진이 되는 바람에 **꿩 대신 닭으로** 선택한 것이 '난타'였거든. 배우들이 주방 도구들을 가지고 사물놀이 장단에 맞춰 연주를 하는데 얼마나 신이 나고 재미있던지…….

나 영: 한국에서는 물론 외국에서도 인기가 많다는 이야기는 들었지만 직접 공연을 본 적은 없어. 그래서 꼭 한번 보고 싶어.

에 릭: 그럼, 이번 주말에 같이 '난타' 공연 보러 가지 않을래? 나도 한 번 더 보고 싶어.

나 영: 좋아. 민수랑 요코에게도 같이 가자고 해 볼게.

※ 꿩 대신 닭: 적당한 것이 없을 때 그것과 비슷한 것으로 대신한다.

활용예문

▶ 설악산에 가기로 했는데 차가 고장 나는 바람에 **꿩 대신 닭으로** 집 근처에 있는 산에 가기로 했다.

▶ 가: 원래 설날에 먹는 떡국에는 꿩고기를 넣었는데 꿩고기가 너무 귀해서 그 대신 닭고기를 사용하게 되었어요.

　나: 아, 그래서 **꿩 대신 닭이라는** 속담이 생긴 거군요.

새 어휘와 문형

□ 팬　□ 가입하다　□ 의외　□ 뮤지컬　□ 매진　□ 대신하다　□ 배우
□ 도구　□ 사물놀이　□ 장단　□ 맞추다　□ 신(이) 나다　□ 쌓이다
□ 적당하다　□ -(으)ㄹ래요

연습해요

다음 빈 칸에 알맞은 말을 넣어 대화를 완성하세요.

1 가: 감독님, 이번 드라마 시청률이 아주 높다면서요?

　　나: 네, _____으로 섭외한 신인 배우가 기대 이상으로 연기를 잘 해서 드라마 시청률이 많이 올랐어요.

2 가: 배고프지? 그런데 지금 밥은 없고 라면밖에 없는데 어떡하지?

　　나: _____이라고 라면이라도 주세요.

3 가: _____.

　　나: 꿩 대신 닭이라고 _____.

한 걸음 더

▶ 꿩 먹고 알 먹는다(⇨) 한 가지 일을 하여 두 가지 이상의 이익을 얻는다.
　예) 열심히 공부하면 좋은 성적도 받을 수 있고 장학금도 받을 수 있으니 꿩 먹고 알 먹는 일이지.

▶ 문화 엿보기

〈난타〉

　한국 최초의 비언어극(Non-Verbal Performance)으로 한국의 사물놀이를 서양의 양식에 맞추어 만든 작품이다. 대형 주방을 무대로 네 명의 요리사가 등장하여 결혼 피로연에 사용할 음식을 만든다. 각종 주방 기구들 즉, 프라이팬, 냄비, 부엌칼 등을 이용하여 사물놀이를 연주하는 내용으로 구성되어 있다.

'난타' 홈페이지 http://www.nanta.co.kr

함께해요

꿩 대신 닭, 스파게티 면이 없을 때는 라면으로! 그림을 보고 이야기해 봅시다.

1

2

3

4

여러분은 다음과 같은 상황에서 어떻게 하겠습니까?

1 고기를 구워 먹으려고 하는데 프라이팬이 없다.
　
　

2 수영하고 싶은데 수영복이 없다.
　
　

3 해수욕장에 가고 싶은데 너무 멀다.

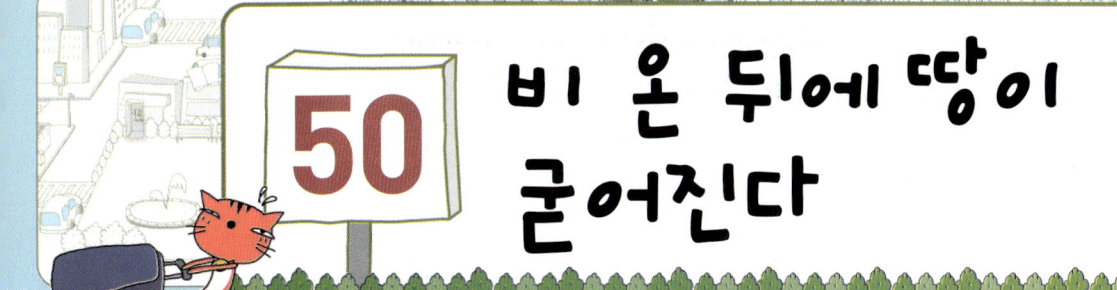

50 비 온 뒤에 땅이 굳어진다

대화

요 코: 아버지는 좀 어떠세요? 아직 병원에 계세요?
나 영: 퇴원해서 쉬고 계세요.
요 코: 정말 다행이군요. 그동안 가족들이 고생 많으셨겠어요. 그런데 부모님께서 하시던 가게는 어떻게 됐어요?
나 영: 부모님 대신 저하고 남동생이 하고 있어요.
요 코: 나영 씨가요? 힘들지 않아요?
나 영: 무척 힘들어요. 부모님 옆에서 조금씩 도와 드릴 때는 가게 일이 그렇게 힘든 줄 몰랐어요. 그런데 제가 직접 해 보니 그동안 부모님께서 얼마나 고생하셨는지 알게 되었어요. 그런 것도 모르고 바쁘다는 핑계로 많이 도와드리지 못했는데 부모님께 너무 죄송해요.
요 코: 이제부터라도 잘하면 되잖아요.
나 영: 네, 앞으로 부모님께 정말 잘할 거예요. 그리고 함께 고생하면서 동생과도 사이가 더 좋아진 것 같아요. 이번 일을 계기로 가족이 얼마나 소중한지 깨닫게 되었어요.
요 코: **비 온 뒤에 땅이 굳어진다고** 나영 씨가 더 성숙해진 것 같아요.

(말풍선) 아버지께서 병으로 쓰러지시고 나서야 가족의 소중함을 깨달았어요.
(말풍선) 비 온 뒤에 땅이 굳어진다고 하더니 나영 씨가 더 성숙해진 것 같아요.

✷ 비 온 뒤에 땅이 굳어진다: 시련을 겪은 뒤에 더 강해진다.

활용예문

▶ 그 영화배우는 이별의 아픔을 겪고 난 뒤에 더욱 성숙한 연기를 보여주는 것 같아요. **비 온 뒤에 땅이 굳어진다는** 말처럼요.
▶ 가: 요즘 최고의 인기를 얻고 있는 가수도 7년 동안이나 무명 생활을 했대요.
  나: **비 온 뒤에 땅이 굳어진다고** 그런 어려움이 성공의 밑바탕이 되지 않았을까요?

새 어휘와 문형

☐ 퇴원하다   ☐ 핑계   ☐ 계기   ☐ 소중하다   ☐ 깨닫다   ☐ 굳어지다   ☐ 성숙하다
☐ 시련   ☐ 무명

연습해요

다음 빈 칸에 알맞은 말을 넣어 대화를 완성하세요.

1 가: 사업에 실패한 뒤 모든 것을 포기하려고 했어요. 그런데 가족들을 생각하면서 다시 이를 악물고 열심히 노력했어요.

나: _____는 말처럼 시련을 겪은 뒤에 재기에 성공하셨군요.

2 가: 매일 남편하고 싸우는 것도 지쳤어요. 이젠 이혼하고 싶어요.

나: 우리 부부도 한때는 이혼을 생각할 정도로 갈등이 심했어요. 그런데 _____고 힘든 시기를 극복하고 나니 믿음이 더욱 두터워지더라고요. 그러니까 너무 성급하게 결정하지 마세요.

3 가: _____.

나: 비 온 뒤에 땅이 굳어진다는 말이 있잖아요.

한 걸음 더

▶ 비 맞은 장닭 같다(⇨) 힘없이 풀이 죽어 있다.
　예) 시합에서 졌다고 비 맞은 장닭 같이 풀이 죽어 있으면 어떡해요? 다음에 잘하면 되니까 기운 좀 내세요.

▶ 땅 짚고 헤엄치기(⇨) 일이 매우 쉽다
　예) 나에게 이 정도 수학 문제는 땅 짚고 헤엄치기야.

함께해요

주위 사람과 크게 싸웠는데 어떻게 화해할지 몰라서 고민한 적이 있습니까? 비 온 뒤에 땅이 굳어진다는 말처럼 어려움을 잘 극복하면 더욱 가까워질 수 있습니다.

1 크게 싸우고 나서 더 친해진 사람이 있습니까?

2 친구와 싸운 후에 어떻게 화해합니까?

남자 친구/여자 친구와 싸웠습니다. 이 싸움으로 서로 헤어질 수도 있습니다. 사랑 싸움이 이별로 가지 않게 하기 위한 방법은 무엇일까요?

〈한국의 네티즌에게 물었습니다〉

1. 심하게 싸웠더라도 그날을 넘기지 않는다.
2. 자존심을 건드리지 않는다.
3. 헤어지자는 말은 하지 않는다.
4. 싸우고 난 뒤 모르는 척, 언제 그랬냐는 듯이 전화한다.
5. 과거의 잘못은 이야기하지 않는다.
6. 무조건 내가 참고 사과한다.
7. 싸우는 중에 '사랑해' 하고 애교를 부리거나 웃어버린다.
8. 싸움 중간 중간 '그런데 밥은 먹었어?' 하고 화제를 바꾼다.
9. 단둘이 술을 마시면서 기분을 푼다.
10. 반드시 얼굴을 마주보고 싸운다.(전화로 싸우면 안 된다)
11. 여러분만의 방법은?
    _____

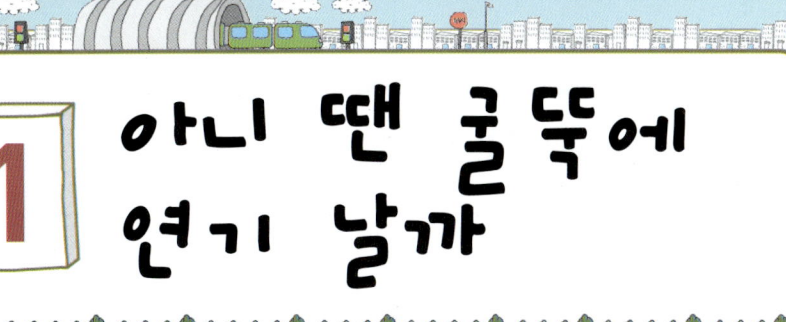

51 아니 땐 굴뚝에 연기 날까

214_

대화

정 대리: 요즘 이상한 소문이 들리던데 들었어요?
다니엘: 무슨 소문요?
정 대리: 김 과장님이 경쟁 회사에 우리 회사 신제품 디자인을 팔았다고 하던데요. 
다니엘: 아, 그거요? 저도 듣기는 들었는데 믿지는 않아요. 작년에 같은 팀에서 일해서 김 과장님을 잘 아는데 그럴 분이 아니에요. 얼마나 정직한 분이신데요.
정 대리: 저도 그렇게 생각하지만 **아니 땐 굴뚝에 연기 나겠어요**?
다니엘: 그냥 소문일 수도 있어요. 제가 아는 김 과장님은 정말 우리 회사를 위해서 열심히 일하는 분이에요. 그리고 부하 직원들한테도 가족처럼 잘해 주셨는데……. 김 과장님이 그런 일을 했을 리가 없어요.
정 대리: 제발 그 소문이 사실이 아니었으면 좋겠어요.

말풍선: 아니 땐 굴뚝에 연기 나겠어요?
말풍선: 김 과장님이 경쟁 회사에 우리 회사 신제품 디자인을 팔았다는데 저는 믿을 수가 없어요.

✲ 아니 땐 굴뚝에 연기 날까: 소문이 날 때는 그만한 이유가 있다.

활용예문

▶ 사람들이 '**아니 땐 굴뚝에 연기 날까**' 하고 의심하는 듯한 눈으로 나를 바라보는 게 가장 힘들었다.
▶ 가: 신문을 보니까 그 가수가 신인 배우와 열애 중이라고 하던데 정말일까?
　 나: **아니 땐 굴뚝에 연기가 나는** 거 봤어?

새 어휘와 문형

☐ 소문　☐ 신제품　☐ 정직하다　☐ 때다　☐ 굴뚝　☐ 연기　☐ 나다
☐ 부하　☐ 의심하다　☐ 바라보다　☐ 열애　☐ -에 의하면

연습해요

다음 빈 칸에 알맞은 말을 넣어 대화를 완성하세요.

1 가: 우리 부서의 철수 씨하고 미영 씨가 사귄다는 소문을 들었는데 나는 못 믿겠어요.
   나: _____?

2 가: 이번 시험에서 1등을 한 사람이 부정행위를 했다는 소문이 정말일까요?
   나: _____ ?

3 가: _____.
   나: '아니 땐 굴뚝에 연기가 날까' 라는 옛말도 있잖아.

한 걸음 더

▶ 나다∥
  • 얼굴에 상처가 났어요.
  • 남부 지방에 홍수가 나서 많은 수재민이 생겼다.
  • 그는 이름 난 사업가예요.

함께해요

왜 다음과 같은 소문이 났을까요? 소문이 나게 된 배경이나 원인을 만들어 보세요.

1. 가: 이번에 부정 입학을 한 학생이 있다던데, 너도 소문 들었어?
   나: 그게 정말이야? 설마…….
   가: 너, 아니 땐 굴뚝에 연기 나는 거 봤어?

   왜 이런 소문이 났을까요?
   _____

2. 가: 철수 씨와 영희 씨가 회사 사람들 몰래 사귀고 있다는 소문을 들었는데 정말일까?
   나: 글쎄. 그런데 아니 땐 굴뚝에 연기 나겠어?

   왜 이런 소문이 났을까요?
   _____

3. 가: 문화기업이 곧 파산할거라는 소문 들었어요?
   나: 그래요? 작년까지 계속 업계 1위를 하던 기업이잖아요.
   가: 하지만 아니 땐 굴뚝에 연기가 나겠어요?

   왜 이런 소문이 났을까요?
   _____

52 벼는 익을수록 고개를 숙인다

대화

사회자: '청룡 영화제' 남우 주연상을 발표하겠습니다. '너는 내 운명'에서 열연을 해 주신 황정민 씨! 황정민 씨는 '너는 내 운명'에서 병에 걸린 아내를 끝까지 보살피고 사랑하는 역할로 많은 사람들에게 큰 감동을 주었습니다. 황정민 씨, 수상 소감 부탁드립니다.

(말풍선: 모두가 열심히 했는데 저만 상을 받아 죄송한 마음이 듭니다.)
(말풍선: 벼는 익을수록 고개를 숙인다고 하더니 정말 겸손하시군요.)

황정민: 저에게도 이런 좋은 상이 오는군요. 지금까지 함께 고생한 스태프들에게 감사의 마음을 전합니다. 그런데 저는 평범한 배우입니다. 60여 명의 스태프들이 하나에서 열까지 다 준비해 놓으면 저는 그냥 연기만 했을 뿐입니다. 저만 스포트라이트를 받아 죄송합니다. 마지막으로 지금 지방에서 열심히 공연하고 있는 황정민의 운명인 아내에게 이 상을 바칩니다. 앞으로 더 열심히 하겠습니다.

사회자: **벼는 익을수록 고개를 숙인다고** 하더니 정상의 위치에 있으면서도 정말 겸손하시군요. 다시 한번 축하드립니다.

*출처: 2005년 청룡 영화제 남우주연상 수상 소감에서

✽ 벼는 익을수록 고개를 숙인다: 훌륭한 사람일수록 겸손하고 남 앞에서 자기를 내세우려 하지 않는다.

활용예문

▶ **벼는 익을수록 고개를 숙이는** 법인데 돈 많고 지위가 높다고 저렇게 자기자랑을 하다니…….
▶ 가: 제가 이긴 것은 행운이라 생각해요. 상대 선수도 열심히 했는데 단지 운이 없었던 것뿐이죠.
　나: **벼는 익을수록 고개를 숙인다더니** 겸손하시군요.

새 어휘와 문형

□ 운명　　□ 열연　　□ 보살피다　□ 수상　　□ 소감　　□ 스태프　　□ 평범하다
□ 스포트라이트　□ 바치다　□ 벼　　□ 익다　　□ 고개　　□ 숙이다
□ 정상　　□ 겸손하다　□ 지위

※ 황정민: 영화 '너는 내 운명'(2005)의 남자 주인공(제 26회 청룡영화제 남우주연상 수상)

연습해요

다음 빈 칸에 알맞은 말을 넣어 대화를 완성하세요.

1. 가: _____는 말처럼 지위가 높아지면 높아질수록 겸손할 줄 알아야 해요.

   나: 맞아요. 그런데 오히려 자신의 지위가 높아질수록 교만해지는 사람도 있는 것 같아요.

2. 가: 지난 학기에 이어 올해도 내가 1등을 했어. 학교에서 장학금도 주고 유학도 보내준대. 부럽지?

   나: _____고 하는데…….

3. 가: _____.

   나: 벼는 익을수록 고개를 숙인다더니 참 겸손하시군요.

한 걸음 더

▶ 빈 수레가 요란하다(↔) 실속 없는 사람이 겉으로 더 떠든다.
  예) 빈 수레가 요란하다고 일을 시작한 지 한 달밖에 안 되었는데 전문가인 척한다.

▶ 익다🖉
  • 잘 익은 사과만 골라서 따 왔어요.
  • 김치가 알맞게 익었다.
  • 뜨거운 물에 발을 담가서 살갗이 빨갛게 익었다.

함께해요

다음 상황에서 겸손하게 말해 보세요.

1 수석 합격자

   기자: 수석으로 합격을 했다는 소식을 들었습니다. 대단합니다. 어떻게 공부하면 그렇게 잘할 수 있나요?
   수석 합격자: _____.

2 노벨상 수상자

   기자: 노벨 문학상 수상을 진심으로 축하합니다. 전 세계의 많은 사람들이 이 소설을 읽고 깊은 감동을 받았다고 합니다. 소감 한마디 부탁드립니다.
   노벨상 수상자: _____.

3 대통령 당선자

   기자: 당선되신 것을 진심으로 축하드립니다. 80%가 넘는 국민들의 지지를 받으시다니 정말 대단합니다.
   대통령 당선자: _____.

4 영화제 감독상 수상자

   기자: 국제 영화제에서 감독상을 받으셨는데 수상 소감을 부탁드립니다.
   감독상 수상자: _____.

53 소귀에 경 읽기

대화

요코: 저기 좀 보세요. 저 사람들이 모여서 뭘 하는 거예요?

에릭: 동물 학대 반대 시위를 하고 있네요. 요즘 사람들이 모피로 만든 코트나 장식품을 많이 좋아하잖아요. 그런데 그 모피 코트를 만들기 위해서는 살아있는 동물을 죽여야 하니까 좀 잔인한 것 같아요.

마리: 나도 텔레비전에서 봤어요. 코트 하나를 만드는 데 여러 마리가 희생된대요. 그래서 동물 보호 단체에서 저렇게 시위를 하고 있는 거예요. 그런데 아무리 시위를 하고 반대 운동을 해도 모피 수요가 줄어들기는커녕 오히려 해마다 늘어나고 있대요.

에릭: 정말 **쇠귀에 경 읽기군요**. 아무리 말 못하는 동물이라도 죽음에 대한 두려움과 고통은 사람과 똑같을 텐데…….

마리: 맞아요. 빨리 사람들 생각이 바뀌었으면 좋겠어요. 우리부터라도 먼저 생명을 소중히 여기는 마음을 가져야겠어요.

✽ 쇠귀에 경 읽기: 아무리 가르치고 말해 주어도 알아듣지 못하거나 효과가 없다.

활용예문

▶ 같은 문제를 또 틀렸어? 몇 번이나 가르쳐줬는데도 모르니? 완전히 **쇠귀에 경 읽기구나**!

▶ 가: 우리 아이에게 컴퓨터 게임 좀 그만 하라고 계속 이야기해도 듣지 않아요.
  나: 정말 **쇠귀에 경 읽기지요**? 우리 딸도 마찬가지예요.

새 어휘와 문형

□ 학대 □ 시위 □ 모피 □ 장식품 □ 잔인하다 □ 희생되다 □ 보호
□ 수요 □ 경 □ 두려움 □ 굳이 □ 여기다

연습해요

다음 빈 칸에 알맞은 말을 넣어 대화를 완성하세요.

1. 가: 어머, 또 가스를 잠그지 않고 외출했어요?

   나: 아! 깜빡 잊었어요.

   가: _____군요. 항상 주의하라고 수도 없이 말했잖아요.

2. 가: 집 안에서는 담배를 피우지 말라고 몇 번이나 말했잖아요.

   나: 미안해요. 나가서 피우려고 했는데, 오늘 날씨가 너무 추워서……

   가: 정말 _____네요!

3. 가: _____.

   나: 완전히 쇠귀에 경 읽기군요.

한 걸음 더

▶ 문화 엿보기

〈한국인과 소〉

한국은 전통적으로 농업 국가였고, 농사를 짓는 데는 소가 매우 중요한 존재였다. 소 없이는 농사를 짓기가 힘들었기 때문이다. 한국 문화에 나타난 소의 모습은 성실하고 끈기가 있고 충직하지만 반면에 고집이 세고 어리석은 면도 있다.

함께해요

그림을 보고 이야기를 만들어 봅시다. 개미들은 베짱이에게 계속 같은 충고를 하고 있습니다. 그러나 완전히 쇠귀에 경 읽기! 베짱이는 전혀 충고를 듣지 않습니다.

1. 개미는 무슨 충고를 하고 있을까요?
2. 충고를 듣지 않은 베짱이는 어떻게 될까요?

	개 미1: _____. 베짱이: _____.
	개 미2: _____. 베짱이: _____.
	개 미3: _____. 베짱이: _____.
	베짱이: _____.

54 수박 겉 핥기

대화

민 수: 이번 대영 박물관전에 꼭 가 보고 싶었는데 못 가 봐서 너무 아쉬워. 나영아, 너는 관람했어?

나 영: 응, 에릭이랑 지난주에 갔다 왔어. 난 원래 유물이나 유적에는 관심이 없었는데 안내원의 설명을 하나하나 들으면서 관람하니까 생각보다 재미있더라. 아주 좋은 시간이었어. 그렇지, 에릭?

에 릭: 응. 나는 영국에서 한 번 봤는데도 한국에서 보니까 느낌이 아주 새롭더라. 거기 다녀온 후부터 이집트 문명에 관심을 갖게 돼서 요즘은 이집트 역사에 관한 책들을 읽고 있어.

요 코: 너희들은 정말 좋았겠구나! 나는 마지막 날에 갔었는데 사람들이 너무 많아서 안내원의 설명을 듣기는커녕 전시물도 제대로 못봤어. 결국 **수박 겉 핥기** 식으로 대충 보고 나올 수밖에 없었어. 정말 아쉬워.

✱ 수박 겉 핥기: 일을 제대로 차근차근하지 않고 대충한다.

(말풍선) 안내원의 설명을 들으며 관람하니까 아주 재미있더라.

(말풍선) 정말? 난 사람들이 너무 많아서 수박 겉 핥기식으로 대충 볼 수 밖에 없었어.

활용예문

▶ 이번 시험은 아주 어렵기 때문에 **수박 겉 핥기** 식으로 공부한 학생은 좋은 점수를 얻기 힘들 거예요.

▶ 가: 경주 여행이 어땠어요?
　나: 여행 일정이 너무 짧아서 **수박 겉 핥기** 식으로 유명한 곳만 잠깐 보고 왔어요.

새 어휘와 문형

☐ 대영 박물관　☐ 관람하다　☐ 원래　☐ 유물　☐ 유적　☐ 이집트　☐ 문명
☐ 전시물　☐ 핥다　☐ 대충　☐ 차근차근하다　☐ -식으로

연습해요

다음 빈 칸에 알맞은 말을 넣어 대화를 완성하세요.

1 가: 여기 좀 보세요. 또 같은 실수를 했네요.
　　　_____ 식으로 대충 일을 하니까 그렇잖아요.
　나: 미안해요. 너무 피곤해서…….

2 가: 오늘은 중요한 손님들이 오시니까 _____식으로 청소하면 안 됩니다.
　나: 네, 신경 써서 깨끗하게 청소할게요.

3 가: _____.
　　수박 겉 핥기 식으로 하지 말라고 했잖아요.
　나: _____.

한 걸음 더

▶ 겉 다르고 속 다르다(⇨) 겉으로 나타나는 행동과 마음 속 생각이 다르다.
　예) 항상 웃으면서 선배들을 대하던 지성이가 사실은 후배들 중에서 선배에 대한 불만이 제일 많았대. 겉 다르고 속 다르다더니…….
▶ 겉이 검기로 속도 검을까(⇨) 겉으로 보기는 나쁘지만 실제는 나쁘지 않을 수도 있다.
　예) 겉이 검기로 속도 검을까? 그 사람 무섭게 생겼지만 만나보면 그렇지 않다는 걸 알게 될 거야.

228_

함께해요

여러분은 지금까지 속담을 열심히 공부했습니까? 혹시 수박 겉 핥기식으로 공부한 것은 아닙니까? 다음 그림을 보고 〈보기〉처럼 생각나는 속담을 이야기해 봅시다.

보기

수박 겉 핥기

55 달면 삼키고 쓰면 뱉는다

대화

나 영: 어머니, 68세의 할아버지께서 신장을 기증하셨대요.
어머니: 68세의 할아버지께서? 아주 대단하신 분이구나!
나 영: 국내 최고령 기증자라고 쓰여 있어요. 죽기 전에 세상에 봉사해야겠다는 마음이 들어서 신장을 기증하기로 결심하셨대요.
어머니: 정말 대단한 결심을 하셨구나. 요즘같이 **달면 삼키고 쓰면 뱉는** 세상에 이렇게 마음이 따뜻한 분이 계시다니…….
나 영: 할아버지는 인터뷰에서 "그동안 술 담배를 거의 하지 않았어요. 덕분에 지금 이 나이에 다른 사람을 위해 신장을 줄 수 있게 된 것 같아 정말 기뻐요. 앞으로 남은 생애 동안 건강하게 살다가 죽은 후에 제 시신을 기증하고 싶어요."라고 말씀하셨대요.

✽ 달면 삼키고 쓰면 뱉는다: 자기에게 이익이 되는 일만 한다.

활용예문

▶ 그 국회의원이 이번에 또 당을 옮겼대요? **달면 삼키고 쓰면 뱉는다지만** 정말 너무하네요.
▶ 가: 철수 씨가 사업이 한창 잘될 때는 매일 골프 치러 가자, 술 마시러 가자고 하던 사람들이 철수 씨가 사업에 실패하니까 발을 끊었대요.
  나: **달면 삼키고 쓰면 뱉는다고** 하더니 정말 매정한 사람들이군요.

새 어휘와 문형

☐ 신장   ☐ 기증하다   ☐ 최고령   ☐ 봉사하다   ☐ 삼키다   ☐ 생애   ☐ 시신
☐ 국회의원   ☐ 당   ☐ 한창   ☐ 발을 끊다   ☐ 매정하다

연습해요

다음 빈 칸에 알맞은 말을 넣어 대화를 완성하세요.

1. 가: 아무리 회사 사정이 나빠졌다고 해도 그렇게 갑자기 회사를 옮길 수가 있는 거예요?

   나: _____고 하지만 정말 너무하네요.

2. 가: 옆집 아주머니는 남편이 병으로 세상을 떠난 후에도 10년 동안이나 병든 시어머님을 모시고 살고 있대요.

   나: 정말요? _____는 세상에 보기 힘든 착한 사람이네요.

3. 가: _____.

   나: 달면 삼키고 쓰면 뱉는다고는 하지만 너무 심하군요.

한 걸음 더

▶ 쓰다 달다 말이 없다(⇨) 어떤 문제에 대하여 아무런 반응이 없다
  예) 남편에게 결혼기념일에 제주도로 여행을 가자고 했는데 쓰다 달다 말이 없었어요.

▶ 입에 쓴 약이 몸에 좋다(⇨) 듣기 싫은 말이라도 들으면 자기에게 도움이 된다.
  예) 입에 쓴 약이 몸에 좋다고 하잖아. 선생님께서 모두 너를 위해 하신 말씀이니까 잘 들어 둬.

▶ 삼키다
  • 떡을 보고 나도 모르게 침을 꿀꺽 삼켰다.
  • 어느 정치인이 국민의 세금을 삼킨 것이 발각되었다.
  • 입술을 깨물며 울음을 삼켰다.

함께해요

다음 글을 읽고 생각해 봅시다.

아주 큰 부자인 김 씨에게 사랑하는 아들이 있었다. 김 씨의 아들에게는 많은 친구들이 있었는데 아들은 서로 목숨을 걸고 의리를 지키는 진정한 친구들이라고 아버지에게 자랑했다. 그러나 김 씨는 그 말을 믿을 수가 없었다. 그래서 그는 아들에게 친구들의 우정을 시험해 보자고 했다. 돼지 한 마리를 잡아서 큰 자루에 넣은 다음, 아들에게 그것을 들고 친구 집을 찾아가서 다음과 같은 부탁을 하게 했다.

"내가 오늘 어떤 사람과 다투다가 그만 그 사람을 죽이고 말았는데 시체를 숨길 데가 없어. 그러니 오늘만 여기에 이 시체를 좀 숨겨 줘. 부탁이야."

아들은 밤새도록 죽은 돼지가 든 자루를 들고 친구들 집을 찾아가 다급한 목소리로 이렇게 부탁했지만 친구들은 모두 거절하거나 아무런 말도 없이 냉정하게 문을 닫아버렸다. **달면 삼키고 쓰면 뱉는다더니** 김 씨의 아들이 돈을 많이 쓸 때는 친한 척하던 친구들이 정작 어려움에 빠진 아들을 보고는 모두 냉정하게 모른 척했던 것이다. 김 씨의 아들은 큰 충격을 받았다. 숨어서 아들의 모습을 지켜보던 김 씨는 아들에게 이번에는 자기를 따라오라고 했다. 김 씨는 아들이 들고 있던 큰 자루를 들고 김 씨의 친구 집을 찾아가 아주 다급하게 대문을 두드렸다. 깜짝 놀라 달려 나온 김 씨의 친구는 김 씨의 다급해 하는 모습을 보고 자세한 이야기는 나중에 하고 우선 들어오라고 했다. 그리고 하인에게 자루를 창고에 넣게 하고 두 부자를 따뜻하게 맞아 주었다. 그때 김 씨는 웃으면서 친구에게 모든 사실을 이야기하고 잡아 온 돼지로 즐거운 잔치를 벌였다.

1 만약 여러분에게 친구가 김 씨와 같은 부탁을 한다면 어떻게 하겠습니까?

2 여러분은 어떤 사람이 진정한 친구라고 생각합니까?

56 잘되면 제 탓 못되면 조상 탓

대화

민 수: 진수씨, 회사에서 무슨 일 있었어요?

진 수: 김 대리 때문에……. 아휴. 이번 신제품의 소비자 반응이 별로 안 좋았어요. 그래서 오늘 회의 시간에 과장님이 화를 내시니까 김 대리가 내 탓을 하더라고요. 내가 만든 기획안대로 한 것이 실수였다고요.

민 수: 어머, 그런 일이 있었어요?

진 수: 김 대리랑 같이 만든 거였는데 모든 책임을 나한테 떠넘겨서 너무 억울했어요.

민 수: 진수 씨, 정말 속상했겠어요.

진 수: 그뿐만이 아니에요. 우리 팀이 같이 노력해서 성공 시킨 일은 모두 자기 아이디어인 것처럼 과장님께 보고해요.

민 수: **잘되면 제 탓 못되면 조상 탓한다더니** 정말 너무하는군요. 그동안 스트레스를 많이 받았겠어요.

진 수: 그래도 이렇게 민수 씨에게 말하고 나니까 한결 기분이 나아졌어요. 조금 전까지만 해도 회사를 그만둘까 생각하고 있었거든요.

✱ 잘되면 제 탓 못되면 조상 탓: 일이 잘되고 못됨을 자신에게 유리한 쪽으로 해석한다.

활용예문

▶ **잘되면 제 탓 못되면 조상 탓한다고** 현재 자신의 모든 잘못과 불행을 과거의 탓으로만 돌리고 반성하지 않는 게 우리들의 문제점이다.

▶ 가: 민수가 공부하라고 한 부분만 했는데 거기서 시험 문제가 하나도 안 나왔어. 이번 시험은 민수 때문에 다 망쳐 버렸어.

나: 잘되면 제 탓 못되면 조상 탓한다더니…….

새 어휘와 문형

☐ 반응　　☐ 탓　　☐ 기획안　　☐ 떠넘기다　　☐ 억울하다　　☐ 보고하다　　☐ 한결
☐ 해석하다　　☐ 반성하다　　☐ 망치다

연습해요

다음 빈 칸에 알맞은 말을 넣어 대화를 완성하세요.

1. 가: 아버지가 사업 자금만 빌려 주셨어도 크게 성공해서 이렇게 고생하는 일은 없었을 거예요.

   나: _____.

2. 가: 친구 말을 믿고 그 회사 주식을 샀다가 손해를 많이 봤어요. 이렇게 손해를 본 적이 없었는데 그 친구의 말을 믿는 게 아니었어요.

   나: _____더니 이제 와서 친구 탓을 하는군요.

3. 가: _____.

   나: 그렇게 조상 탓만 하지 말고 스스로를 반성해 보세요.

한 걸음 더

▶ 문화 엿보기

〈조상〉

한국은 전통적으로 조상을 정성스럽게 모시는 것을 중요시한다. 그래서 무덤을 만들어 모시고 제사를 지냄으로써 조상을 생각하고 후손들의 성공과 출세, 그리고 평안을 기원한다.

※조상: 어버이 위의 대대로 돌아가신 어른

함께해요

제사상 차리기

제사는 조상을 생각하며 명절이나 조상이 돌아가신 날에 지낸다. 제사상에는 육류, 어류, 나물, 과일, 밥, 국 등을 올리는데 지방이나 각 가정에 따라 그 상차림이 다르다. 그런데 제사상에는 피해야 하는 음식이 있다.

제사상에 피하는 음식

- 마늘, 파, 고추가 들어간 음식은 제사상에 올리지 않는다.
- 복숭아는 귀신을 쫓는다고 해서 제사상에 올리지 않는다.
- 갈치, 참치, 꽁치처럼 이름이 "치"로 끝나는 생선과 고등어처럼 등이 푸른 생선은 올리지 않는다.

여러분이 제사상을 차린다면 무슨 음식을 올리겠습니까? 그 이유는 무엇입니까?

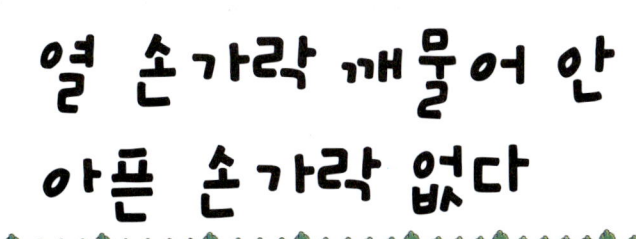

57 열 손가락 깨물어 안 아픈 손가락 없다

대화

지 우: 무슨 걱정있어요?

진 수: 방금 어머니한테서 전화가 왔었는데 목소리에 힘이 없으신 것 같아서요.

지 우: 그래요? 진수 씨가 어머니 걱정을 많이 하는군요.

진 수: 어릴 때 부모님께서 사고뭉치인 저 때문에 마음고생을 많이 하셨거든요.

지 우: 진수 씨가 사고뭉치였다고요? 믿어지지 않아요.

진 수: 저는 친구들과 노는 것만 좋아하고 형은 모범생이어서 부모님께서 늘 형을 자랑스러워 하셨어요. 저는 부모님이 형을 더 사랑한다고 생각해서 일부러 공부도 안 하고 나쁜 짓도 많이 했어요. 학교에서 친구들과 싸워서 퇴학을 당할 뻔한 적도 있었어요.

지 우: 어머, 정말이에요?

진 수: 네, 그때 어머니께서 학교에 오셔서 선생님께 용서를 구하시는 것을 봤어요. 그때 저를 늘 걱정하고 사랑하고 계셨다는 것을 알게 되었어요.

지 우: **열 손가락 깨물어 안 아픈 손가락 없다고 하잖아요**. 진수 씨랑 이렇게 얘기하고 있으니 갑자기 고향에 계신 부모님이 생각나네요. 이번 어버이날에는 꼭 찾아뵈러 가야겠어요.

(말풍선) 부모님께서 형만 사랑하시는 줄 알았어요.

(말풍선) 열 손가락 깨물어 안 아픈 손가락 없다고 하잖아요. 부모님에게는 다 귀하고 소중해요.

✽ 열 손가락 깨물어 안 아픈 손가락 없다: 부모에게 자식은 다 귀하고 소중하다.

활용예문

▶ 아픈 작은아이를 항상 먼저 챙기니까 큰아이는 내가 자기를 사랑하지 않는다고 생각하는 것 같아요. **열 손가락 깨물어 안 아픈 손가락 없는데** 말이에요.

▶ 가: 여보, 큰아이만 유학을 보내 준 게 마음에 걸려요.
　나: 나도 그래요. **열 손가락 깨물어 안 아픈 손가락 없는데**……

새 어휘와 문형

☐ 사고뭉치　☐ 마음고생　☐ 모범생　☐ 자랑스럽다　☐ 짓　☐ 퇴학　☐ 부끄럽다
☐ 어버이날

연습해요

다음 빈 칸에 알맞은 말을 넣어 대화를 완성하세요.

1. 가: 어머니께선 항상 동생만 챙겨 주는 것 같아요.

   나: 그렇지 않아요. _____ 동생이 아직 어리니까 더 보살펴 주시는 거예요.

2. 가: 결혼해서 아이들을 낳고 키워 보니 어머니 마음을 알 것 같아요.

   나: 그렇지요? _____고 어머니께서는 자식들 모두를 사랑하세요.

3. 가: _____.

   나: 열 손가락 깨물어 안 아픈 손가락 없다고 하는데 똑같이 사랑하고 계실 거예요.

한 걸음 더

▶ 문화 엿보기

〈어버이날〉

낳아 주시고 길러 주신 아버지와 어머니의 사랑을 기념하여 정한 날로 5월 8일이다. 이날에는 부모님에 대한 사랑과 감사의 표시로 카네이션을 달아 드린다.

함께해요

손과 발에는 우리 몸이 그대로 담겨 있습니다. 아픈 곳이 있습니까? 그렇다면 연결되어 있는 손, 발의 부분을 눌러 보세요. 건강을 지킬 수 있습니다.

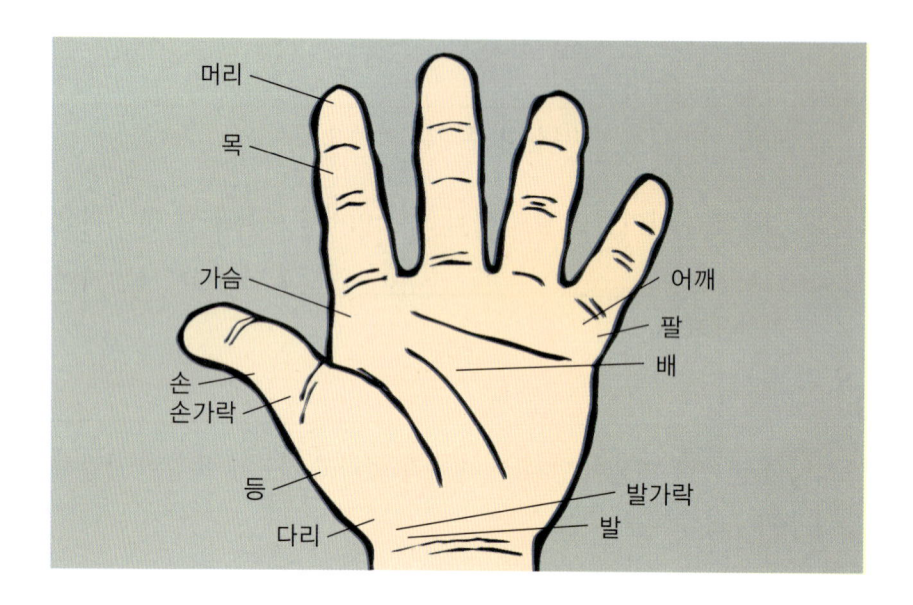

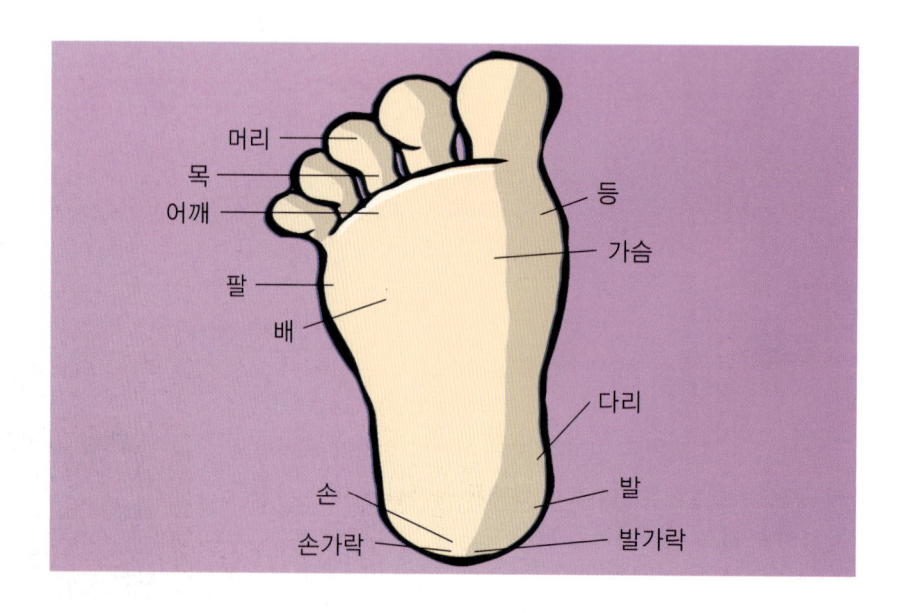

손 (손바닥)
- 머리
- 목
- 가슴
- 어깨
- 팔
- 배
- 손
- 손가락
- 등
- 다리
- 발가락
- 발

발 (발바닥)
- 머리
- 목
- 어깨
- 팔
- 배
- 등
- 가슴
- 다리
- 손
- 발
- 손가락
- 발가락

58 천 리 길도 한 걸음부터

242_

대화

나영: 너 요즘 가야금 잘 배우고 있어? 외국인 장기자랑에서 아리랑을 연주하고 싶다고 했잖아.

마리: 그래. 그런데 일주일째 오른손만 연습하고 있어. 빨리 진도 좀 나갔으면 좋겠는데 너무 지겨워.

지우: 같은 것을 계속 반복하니까 지겹기도 하겠지만 내 생각엔 처음부터 기초를 확실하게 다지는 게 무엇보다 중요하다고 생각해. **천 리 길도 한 걸음부터라는** 말도 있잖아.

나영: 지우 말이 맞아. 나는 예전에 피아노를 배운 적이 있었는데 그때는 기초 부분이 너무 쉽고 지겨워서 제대로 연습을 안 하고 넘어갔었어. 그랬더니 나중에 어려운 곡을 치게 되었을 때는 정말 힘들더라.

지우: 무슨 일이든지 시작이 중요한 법이야. 유명한 음악가들도 기본에 충실했다고 하잖아.

(말풍선) 일주일째 오른손만 연습하고 있는데, 언제쯤이면 아리랑을 멋지게 연주할 수 있을까?

(말풍선) 가야금 배운 지 2주도 안 되었잖아. 천 리 길도 한 걸음부터라고 하는데 너무 서두르지 마.

✱ 천 리 길도 한 걸음부터: 큰일도 작은 것에서부터 시작해야 한다.

활용예문

▶ 한국 친구와 한국어로 채팅하고 싶으세요? 그러면 컴퓨터 한글 자판부터 연습하세요. **천 리 길도 한 걸음부터라고** 하잖아요.

▶ 가: 언제 정상까지 올라가지?
　 나: **천 리 길도 한 걸음부터라고** 한 걸음 한 걸음 가다 보면 금방 도착할 수 있을 거야.

새 어휘와 문형

☐ 가야금　　☐ 장기자랑　　☐ 진도　　☐ 지겹다　　☐ 반복하다　　☐ 다지다　　☐ 넘어가다
☐ 충실하다　☐ 채팅　　　　☐ 자판

※1리≒0.393km

연습해요

다음 빈 칸에 알맞은 말을 넣어 대화를 완성하세요.

1. 가: 저는 카레이서가 되고 싶어요.

   나: 그래요? 그러면 _____라고 하는데 운전면허부터 따야겠군요.

2. 가: 선생님, 전 말하기는 잘하는데 시험을 보면 점수가 잘 안 나와요.

   나: 아마 문법의 기초가 부족해서 그럴 거예요. _____ 라고 하니까 1과 문법부터 차근차근 공부하도록 하세요.

3. 가: 주방장님, 피자 만드는 법 좀 가르쳐 주세요.

   나: 그러면, 천 리 길도 한 걸음부터라고 하니까 _____.

한 걸음 더

▶ 문화 엿보기

〈가야금〉
한국의 고유 현악기로 열두 줄의 줄을 손가락으로 뜯어 소리를 낸다.

함께해요

🐤 아리랑은 한국의 대표적인 민요입니다. 함께 불러 봅시다.

〈아리랑〉

아 - 리랑 - 아 - 리랑 - 아 라 리 - 요 - -
아 - 리랑 - 고 - 개 - 로 - 넘 - 어 간 다 - -
나 - 를 버 리 고 가 시 는 님 - 은 - - -
십 - 리 도 - 못 - 가 서 - 발 - 병 난 다 - - -

🐤 여러분 나라의 대표적인 민요는 무엇입니까?

59 꿀 먹은 벙어리

왜 아무 말이 없니?

대화

민 수: 나영아, 취업 지원 센터에서 하는 모의 면접 어땠어?

나 영: 모의 면접인데도 실제로 회사에서 면접을 보는 것 같았어. 얼마나 떨리던지 …….

민 수: 영어 면접은 잘 봤어?

나 영: 모두 내가 예상한 질문들이었는데도 너무 긴장해서 **꿀 먹은 벙어리처럼** 한마디도 못했어. 정말 속상해. 그런데 에릭, 너도 모의 면접 볼 거야?

에 릭: 응. 혹시 한국에 있는 회사에 지원하게 될지도 모르니까 경험 삼아 한번 해 보려고.

민 수: 에릭은 영어 면접은 문제없겠네.

에 릭: 나는 한국어 면접이 문제지. 면접관의 질문을 이해하지 못할까 봐 걱정돼.

나 영: 너무 걱정하지 마. 모의 면접을 먼저 본 선배로서 하는 말인데 긴장만 안 하면 잘할 수 있을 거야. 무슨 질문에든지 자신있게 대답하면 돼.

＊꿀 먹은 벙어리: 자기 생각을 제대로 말하지 못하거나 아무 말도 하지 않는다.

(말풍선) 모의 면접 어땠어?
(말풍선) 너무 긴장해서 꿀 먹은 벙어리처럼 한마디도 제대로 못했어.

활용예문

▶ 뇌물을 받은 혐의로 경찰에 체포된 국회의원은 **꿀 먹은 벙어리처럼** 한마디도 하지 않고 있다.

▶ 가: 어제 선본 남자 어땠어?
　나: 말도 마. **꿀 먹은 벙어리처럼** 말을 안 해서 너무 힘들었어.

새 어휘와 문형

☐ 센터　☐ 모의　☐ 실제로　☐ 긴장되다　☐ 벙어리　☐ 한마디　☐ 삼다
☐ 면접관　☐ 뇌물　☐ 혐의　☐ 체포되다

연습해요

다음 빈 칸에 알맞은 말을 넣어 대화를 완성하세요.

1. 가: _____처럼 가만히 있지만 말고 내일 행사 때 무엇을 하면 좋을지 이야기 좀 해 봐요.
   나: 글쎄요, 무엇을 하면 좋을까요?

2. 가: 직원들이 다 같이 과장님께 불만 사항을 말하기로 했는데 막상 과장님 앞에 가니까 _____처럼 한마디도 안 나오더라.
   나: 그래서 아무 말도 못했어요?

3. 가: _____.
   나: 꿀 먹은 벙어리처럼 한마디도 못 했어요.

한 걸음 더

▶ 벙어리 냉가슴 앓듯(⇨) 답답한 사정이 있어도 남에게 말하지 못하고 혼자서만 걱정하고 괴로워한다.
예) 너 무슨 걱정거리가 있는 것 같은데 벙어리 냉가슴 앓듯 하지 말고 나에게 말해 봐.

▶ 벙어리 속은 그 어미도 모른다(⇨) 무슨 말을 직접 들어 보지 않고는 그 내용을 알 수 없다.
예) 가: 너 정말 내 마음을 모르겠어?
　　나: 벙어리 속은 그 어미도 모른다고 네가 말을 안 하는데 어떻게 네 마음을 알겠니?

함께해요

모의 면접

1 여러분이 입사를 희망하는 회사를 생각한 후에 다음 질문에 대답해 봅시다.

> 1) 우리 회사를 지원하게 된 동기는 무엇입니까?
>
> 2) 본인의 장점과 단점은 무엇입니까?
>
> 3) 우리 회사에 입사하기 위해서 어떤 노력과 준비를 했습니까?
>
> 4) 본인의 학창 시절에 대해서 이야기해 주십시오.
>
> 5) 우리 회사의 전망에 대해 어떻게 생각합니까?
>
> 6) 우리 회사에 입사한다면 어떤 일을 해 보고 싶습니까?

2 만약 여러분이 면접관이라면 어떤 질문을 하겠습니까?

60 서당 개 삼 년이면 풍월을 읊는다

대화

요 코: 에릭 씨, 손에 들고 있는 게 뭐예요? 그거 혹시 징이에요?

에 릭: 아니에요. 이것보다 큰 게 징이고, 이건 꽹과리예요.

요 코: 아, 그거 사물놀이 할 때 사용하는 악기지요?

에 릭: 네, 맞아요. 민수 건데 잠깐 쳐 보고 있었어요.

(말풍선: 서당 개 삼 년이면 풍월을 읊는다더니 아주 잘 치네요.)
(말풍선: 민수가 연습하는 것을 보고 따라 해 봤어요.)

요 코: 공부하느라 바빴을 텐데 언제 꽹과리까지 배웠어요?

에 릭: 그냥 민수가 연습하는 것을 자주 봤어요. 겨우 흉내만 내는 정도예요.

요 코: **서당 개 삼 년이면 풍월을 읊는다더니** 꽹과리 치는 솜씨가 꽤 좋은 것 같은데요.

에 릭: 하하하, 고마워요. 민수 동아리에 들어가서 정식으로 배워 볼까 하는데 요코 씨도 함께 배울래요? 장구나 징 그리고 북도 배울 수 있어요.

요 코: 그런데 어렵지 않을까요? 리듬이 아주 독특해서 어려울 것 같아요.

에 릭: 계속 듣다 보니까 익숙해지더라고요. 아주 흥겨워요. 민수 동아리에서 하는 공연을 봤는데 너무 신이 나서 나도 모르게 춤을 췄어요. 스트레스가 다 풀리는 것 같았어요.

요 코: 네? 스트레스가 풀린다고요? 그럼 나도 한번 배워 볼까요?

✻ 서당 개 삼 년이면 풍월을 읊는다: 따로 배우지 않아도 오래 보거나 들으면 어느 정도 알게 된다.

활용예문

▶ **서당 개 삼 년이면 풍월을 읊는다는데** 나는 다섯 달이나 요리를 배웠는데도 아직 잘 못해요.

▶ 가: 미나 씨, 일본어도 할 수 있어요?
　나: 조금요. 룸메이트가 일본 사람인데 함께 지낸 지 벌써 2년이 넘었어요. **서당 개 삼 년이면 풍월을 읊는다고** 간단한 회화 정도는 할 수 있어요.

새 어휘와 문형

☐ 악기　☐ 치다　☐ 흉내　☐ 서당　☐ 풍월　☐ 읊다　☐ 솜씨
☐ 정식　☐ 리듬　☐ 독특하다　☐ 흥겹다　☐ 따로

연습해요

다음 빈 칸에 알맞은 말을 넣어 대화를 완성하세요.

1. 가: 남편 병간호하느라 고생이 많지요?

   나: 벌써 10년째네요. _____고 제가 그 병에 대해서는 모르는 게 없을 정도예요.

2. 가: 스파게티 맛이 어때? 이탈리아 레스토랑에서 아르바이트 할 때 주방장이 요리하는 것을 옆에서 많이 봤는데 그대로 따라해 봤어.

   나: 정말 맛있구나. _____더니 네가 레스토랑을 차려도 되겠는걸.

3. 가: _____.

   나: 서당 개 삼 년이면 풍월을 읊는다더니…….

한 걸음 더

▶ 문화 엿보기

〈사물놀이〉

북, 장구, 징, 꽹과리의 네 가지 민속 악기로 연주하는 음악과 놀이이다.

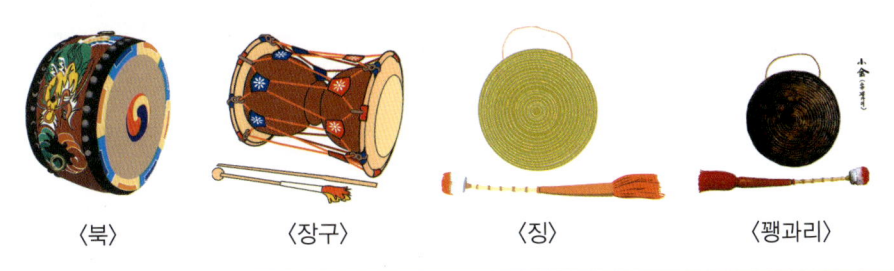

〈북〉　　〈장구〉　　〈징〉　　〈꽹과리〉

함께해요

'서당 개 삼 년이면 풍월을 읊는다'처럼 다음 상황에 맞는 속담을 만들어 봅시다.

보기

_____ 개 삼 년이면_____.

→ 식당 개 삼 년이면 라면을 끓인다.

1 _____ 개 삼 년이면 _____.

2 _____ 개 삼 년이면 _____.

3 _____ 개 삼 년이면 _____.

4 우리 집 개 삼 년이면 _____.

종합연습

41과 ~ 60과

연습1 〈보기〉에서 알맞은 말을 골라 다음 속담을 완성하세요.

보기
새우   개구리   닭   올챙이   꿩   개   고래

1 _____ 싸움에 _____ 등 터진다.
2 _____ 적 생각 못한다.
3 _____ 대신 _____ .
4 서당 _____ 삼 년이면 풍월을 읊는다.

연습2 다음 뜻에 맞는 속담의 번호를 쓰세요.

① 잘되면 제 탓 못되면 조상 탓   ② 비 온 뒤에 땅이 굳어진다
③ 꿀 먹은 벙어리   ④ 웃는 낯에 침 못 뱉는다
⑤ 벼는 익을수록 고개를 숙인다

1 좋게 대하는 사람에게는 나쁘게 대할 수 없다.   (   )
2 시련을 겪은 뒤에 더 강해진다.   (   )
3 훌륭한 사람일수록 겸손하고 남 앞에서 자기를 내세우려 하지 않는다. (   )
4 일이 잘되고 못됨을 자신에게 유리한 쪽으로 해석한다.   (   )

연습3 다음에 해당하는 속담을 쓰세요.

1 길을 가다가 서로 자기의 키가 더 크다고 다투는 아이들을 보았다. 내가 보기에는 둘 다 비슷하던데…….
➡ _____

2 요즘 대형 할인 마트끼리 서로 가격 경쟁을 하는 바람에 우리 같은 시장 상인들은 더욱 살기가 힘들어졌다.
➡ _____

3 나는 5년 동안이나 영어 공부를 했지만 길을 묻는 외국인을 만났을 때 너무 긴장해서 한마디도 못하고 말았다.
➡ _____

연습4 다음 〈보기〉의 속담과 비슷한 뜻을 가진 속담을 고르세요.

보기
〈보기〉 천 리 길도 한 걸음부터

❶ 시작이 반이다
❷ 돌다리도 두드려 보고 건너라
❸ 열 길 물 속은 알아도 한 길 사람 속은 모른다
❹ 웃는 낯에 침 못 뱉는다

연습5 다음 속담을 이용해 짧은 글을 만들어 보세요.

1 수박 겉 핥기
➡ _____.

2 오르지 못할 나무는 쳐다보지도 마라
➡ _____.

종합연습 정답

01과~20과

연습1
1) 강아지 2) 개구리 3) 소
4) 원숭이 5) 호랑이

연습2
1) ① 2) ③ 3) ⑤ 4) ②

연습3
1) 울며 겨자 먹기
2) 가는 말이 고와야 오는 말이 곱다
3) 등잔 밑이 어둡다

연습4
②

21과~40과

연습1
1) 새 2) 벼룩 3) 친구
4) 꿩 5) 도둑

연습2
1) ⑤ 2) ③ 3) ④ 4) ①

연습3
1) 떡 줄 사람은 생각도 않는데 김칫국부터 마신다
2) 배보다 배꼽이 더 크다
3) 갈수록 태산

연습4
③

41과~60과

연습1
1) 고래, 새우 2) 개구리, 올챙이
3) 꿩, 닭 4) 개

연습2
1) ④ 2) ② 3) ⑤ 4) ①

연습3
1) 도토리 키 재기
2) 고래 싸움에 새우 등 터진다
3) 꿀 먹은 벙어리

연습4
①